WINFRIED BOECKEN

Der verfassungsrechtliche Schutz von Altersrentenansprüchen
und -anwartschaften in Italien und in der Bundesrepublik Deutschland
sowie deren Schutz im Rahmen der Europäischen Menschenrechtskonvention

Schriften zum Sozial- und Arbeitsrecht

Band 87

Der verfassungsrechtliche Schutz
von Altersrentenansprüchen und -anwartschaften
in Italien und in der Bundesrepublik Deutschland
sowie deren Schutz im Rahmen der
Europäischen Menschenrechtskonvention

Eine rechtsvergleichende Untersuchung im Hinblick auf
die Rechtspositionen der Versicherten in den gesetzlichen
Rentenversicherungen der Arbeiter und Angestellten

Von

Dr. Winfried Boecken

DUNCKER & HUMBLOT / BERLIN

CIP-Kurztitelaufnahme der Deutschen Bibliothek

Boecken, Winfried:
Der verfassungsrechtliche Schutz von Altersrenten-
ansprüchen und -anwartschaften in Italien und in
der Bundesrepublik Deutschland sowie deren Schutz
im Rahmen der Europäischen Menschenrechtskonvention:
e. rechtsvgl. Unters. im Hinblick auf d.
Rechtspositionen d. Versicherten in d. gesetzl.
Rentenversicherungen d. Arbeiter u. Angestellten /
von Winfried Boecken. – Berlin: Duncker u.
Humblot, 1987.
   (Schriften zum Sozial- und Arbeitsrecht; Bd. 87)
   ISBN 3-428-06276-0

NE: GT

Alle Rechte vorbehalten
© 1987 Duncker & Humblot GmbH, Berlin 41
Satz: Klaus-Dieter Voigt, Berlin 61
Druck: Berliner Buchdruckerei Union GmbH, Berlin 61
Printed in Germany
ISBN 3-428-06276-0

Vorwort

Bei der vorliegenden Studie handelt es sich um die überarbeitete Fassung einer Forschungsarbeit, die während eines einjährigen Aufenthalts am Europäischen Hochschulinstitut Florenz 1985/86 im Rahmen des von Professor Mauro Cappelletti geleiteten Forschungsvorhabens „Dimensionen der Justiz: konstitutionelle und übernationale Durchsetzung der Menschenrechte" angefertigt wurde.

Literatur und Rechtsprechung haben im wesentlichen bis Ende 1986 Berücksichtigung gefunden.

Bedanken möchte ich mich bei Herrn Professor Mauro Cappelletti für die Unterstützung während meines Forschungsaufenthalts sowie bei meiner Kollegin Frau Dottoressa Matilde Carrà, Assistentin an der Universität Macerata, für viele hilfreiche Anregungen und Diskussionen.

Schließlich gilt mein Dank Herrn Rechtsanwalt und Notar Dr. jur. Hans-Peter Wüst, Berlin.

Bonn, im Mai 1987   *Winfried Boecken*

Inhaltsverzeichnis

I. Einführung 15

  1. Überblick und allgemeine Einordnung der gesetzlichen Rentenversicherungen für Arbeiter und Angestellte in Italien und in der Bundesrepublik Deutschland 15

    a) Überblick über die jeweiligen Rentenversicherungen 15

    b) Verfassungsrechtliche Grundlagen der Rentenversicherungen 16

    c) Gesetzliche Rentenversicherungen als Bestandteile umfassender Sozialleistungssysteme 17

  2. Gegenwärtige Probleme der gesetzlichen Rentenversicherungen und ihre Gründe 19

  3. Fragestellung nach dem verfassungsrechtlichen Schutz von Rentenansprüchen und -anwartschaften 22

II. Der verfassungsrechtliche Schutz von Rentenansprüchen und -anwartschaften in Italien 26

  1. Die wesentlichen Strukturen der gesetzlichen Rentenversicherung für Arbeiter und Angestellte 26

    a) Träger der gesetzlichen Rentenversicherung 26

    b) Pflichtversicherungssystem 28

    c) Rechtsnatur und Struktur des Sozialversicherungsverhältnisses 29

    d) Finanzierungsmittel 34

    e) Finanzierungssystem der Invaliditäts-, Alters- und Hinterbliebenenversicherung 37

    f) Alterssicherungsleistungen und ihre Voraussetzungen 38

    g) Berechnung und Anpassung der Altersrenten 40

  2. Der verfassungsrechtliche Schutz von Rentenansprüchen und -anwartschaften 42

    a) Denkbare verfassungsrechtliche Grundlagen 42

    b) Verfassungsrechtlicher Schutz auf der Grundlage von Art. 38 II Cost. 43

      (1) Allgemeine Bedeutung von Art. 38 II Cost. 43

      (2) Gestaltungsvorgaben für den Gesetzgeber aus Art. 38 II Cost. i. V. m. Art. 36 I Cost. 45

      (3) Entscheidungsspielraum des Gesetzgebers für Eingriffe in Rentenansprüche und -anwartschaften 48

c) Verfassungsrechtlicher Schutz unter dem Gesichtspunkt des Verbots der Rückwirkung von Gesetzen 50
      (1) Geltungsumfang des Verbots der Rückwirkung von Gesetzen in der italienischen Rechtsordnung 50
      (2) Verbot der Rückwirkung von Gesetzen i.V.m. den sogenannten „diritti quesiti" 51
   d) Verfassungsrechtlicher Schutz auf der Grundlage von Art. 42 Cost. (Eigentum) 52
   e) Verfassungsrechtlicher Schutz auf der Grundlage von Art. 3 I Cost. (Gleichheitsgrundsatz) 55

III. Der verfassungsrechtliche Schutz von Rentenansprüchen und -anwartschaften in der Bundesrepublik Deutschland 57

1. Die wesentlichen Strukturen der gesetzlichen Rentenversicherungen für Arbeiter und Angestellte 57
   a) Träger der gesetzlichen Rentenversicherungen 57
   b) Pflichtversicherungssystem 58
   c) Rechtsnatur und Struktur des Sozialversicherungsverhältnisses 60
   d) Finanzierungsmittel 61
   e) Finanzierungssystem der gesetzlichen Rentenversicherungen 62
   f) Alterssicherungsleistungen und ihre Voraussetzungen 64
   g) Berechnung und Anpassung der Altersrenten 66

2. Verfassungsrechtlicher Schutz von Rentenansprüchen und -anwartschaften 68
   a) Denkbare verfassungsrechtliche Grundlagen 68
   b) Verfassungsrechtlicher Schutz auf der Grundlage von Art. 14 GG (Eigentum) 69
      (1) Rentenansprüche und -anwartschaften als Eigentum im Sinne von Art. 14 I GG 69
      (2) Gestaltungsbefugnis des Gesetzgebers im Hinblick auf Rentenansprüche und -anwartschaften 74
         (a) Inhalts- und Schrankenbestimmung durch den Gesetzgeber gemäß Art. 14 I S. 2 GG 74
         (b) Beachtung des Verhältnismäßigkeitsgrundsatzes 77
         (c) Grundsatz des Vertrauensschutzes 78
   c) Verfassungsrechtlicher Schutz auf der Grundlage des aus dem Rechtsstaatsprinzip (Art. 20 III GG) abgeleiteten allgemeinen Vertrauensschutzes 80
   d) Verfassungsrechtlicher Schutz auf der Grundlage des Sozialstaatsprinzips (Art. 20 I GG) 82
   e) Verfassungsrechtlicher Schutz auf der Grundlage des Gleichheitsgrundsatzes (Art. 3 I GG) 83

Inhaltsverzeichnis

IV. Schutz von Rentenansprüchen und -anwartschaften im Rahmen der Europäischen Konvention zum Schutze der Menschenrechte und Grundfreiheiten (EMRK) 84

   1. Bedeutung der EMRK 84

   2. Schutz von Rentenansprüchen und -anwartschaften auf der Grundlage von Art. 1 ZP 85

      a) Überblick 85

      b) Rentenansprüche und -anwartschaften als Eigentum im Sinne von Art. 1 I S. 1 ZP 86

         (1) Kriterien für eine Einbeziehung in den Eigentumsschutz 86

         (2) Einordnung der im Rahmen des italienischen und deutschen Rentenversicherungssystems bestehenden Rentenansprüche und -anwartschaften 90

      c) Gestaltungsbefugnis der Gesetzgeber im Hinblick auf unter Art. 1 I S. 1 ZP fallende Rentenansprüche und -anwartschaften 91

   3. Schutz von Rentenansprüchen und -anwartschaften auf der Grundlage des in Art. 14 EMRK enthaltenen Diskriminierungsverbots i.V.m. Art. 1 I S. 1 ZP 94

V. Schlußbetrachtung 96

   1. Vergleich zwischen dem verfassungsrechtlichen Schutz von Rentenansprüchen und -anwartschaften in Italien und in der Bundesrepublik Deutschland 96

      a) Verfassungsrechtlicher Schutz durch Art. 38 II Cost. einerseits, Art. 14 GG andererseits 96

      b) Verfassungsrechtlicher Schutz unter dem Gesichtspunkt des Verbots der Rückwirkung von Gesetzen bzw. des durch Art. 14 GG gewährten Vertrauensschutzes 98

      c) Verfassungsrechtlicher Schutz auf der Grundlage der jeweiligen Gleichheitsgrundsätze (Art. 3 I Cost. bzw. Art. 3 I GG) 101

      d) „Systemgerechtigkeit" des verfassungsrechtlichen Schutzes in Italien und in der Bundesrepublik Deutschland 101

   2. Bedeutung des Schutzes durch die EMRK für Rentenansprüche und -anwartschaften in Italien und in der Bundesrepublik Deutschland 106

Literaturverzeichnis 109

Abkürzungsverzeichnis

a.a.O.	=	am angegebenen Ort
AK-GG	=	Alternativkommentar zum Grundgesetz
Anm.	=	Anmerkung
AnVNG	=	Angestelltenversicherungs-Neuregelungsgesetz
AöR	=	Archiv des öffentlichen Rechts
Art.	=	Artikel
ArVNG	=	Arbeiterrentenversicherungs-Neuregelungsgesetz
Aufl.	=	Auflage
AVG	=	Angestelltenversicherungsgesetz
Bay VBl	=	Bayerische Verwaltungsblätter
Bd.	=	Band
BfA	=	Bundesversicherungsanstalt für Angestellte
BGBl	=	Bundesgesetzblatt
BGH	=	Bundesgerichtshof
BGHZ	=	Amtliche Sammlung der Entscheidungen des Bundesgerichtshofes in Zivilsachen
BVerfG	=	Bundesverfassungsgericht
BVerfGE	=	Amtliche Sammlung der Entscheidungen des Bundesverfassungsgerichts
BVerfGG	=	Bundesverfassungsgerichtsgesetz
BVerwG	=	Bundesverwaltungsgericht
BVerwGE	=	Amtliche Sammlung der Entscheidungen des Bundesverwaltungsgerichts
bzw.	=	beziehungsweise
c. civ.	=	Codice civile
Cnas	=	Cassa nazionale per le assicurazioni sociali
Cost.	=	Costituzione
ders.	=	derselbe
Dir. società	=	Diritto e società
D.L.	=	decreto legge
D.L.Lgt.	=	decreto legge luogotenenziale
DM	=	Deutsche Mark

DÖV	=	Die öffentliche Verwaltung
D.P.R.	=	decreto del Presidente della Repubblica
DR	=	Decisions and Reports, Sammlung der Entscheidungen und Berichte der Kommission ab 1975
DRV	=	Deutsche Rentenversicherung
DVBl	=	Deutsches Verwaltungsblatt
EGMR	=	Europäischer Gerichtshof für Menschenrechte
EMRK	=	Europäische Konvention zum Schutze der Menschenrechte und Grundfreiheiten
EuGRZ	=	Europäische Grundrechte-Zeitschrift
f.	=	folgende
ff.	=	fortfolgende
GG	=	Grundgesetz
GGK	=	Grundgesetz-Kommentar
Giur. costituz.	=	Giurisprudenza costituzionale
GK-SGB	=	Gemeinschaftskommentar Sozialgesetzbuch
Hrsg.	=	Herausgeber
HS	=	Halbsatz
INPDAI	=	Istituto nazionale di previdenza per i dirigenti di aziende industriale
INPS	=	Istituto nazionale della previdenza sociale
ISSR	=	International social security review
ISTAT	=	Istituto centrale di statistica
i.V.m.	=	in Verbindung mit
Komm.	=	Kommentar
Kommission	=	Europäische Kommission für Menschenrechte
LVA	=	Landesversicherungsanstalt
Nr.	=	Nummer
NssDI	=	Novissimo digesto italiano
Politica dir.	=	Politica del diritto
preleggi	=	disposizioni sulla legge in generale
Prev. soc.	=	Previdenza sociale
Quad. reg.	=	Quaderni regionali
RAG	=	Rentenanpassungsgesetz
R.D.L.	=	regio decreto legge
Rdn.	=	Randnummer
RGBl	=	Reichsgesetzblatt
Riv. it. lav.	=	Rivista italiana di diritto del lavoro

Riv. it. prev. soc.	=	Rivista italiana della previdenza sociale
Riv. trim. pubbl.	=	Rivista trimestrale di diritto pubblico
RM	=	Reichsmark
RVO	=	Reichsversicherungsordnung
S.	=	Seite
SdDSRV	=	Schriftenreihe des Deutschen Sozialrechtsverbandes
SGb	=	Die Sozialgerichtsbarkeit
SGB	=	Sozialgesetzbuch
VSSR	=	Vierteljahresschrift für Sozialrecht
Yb	=	Yearbook of the European Convention on Human Rights
z. B.	=	zum Beispiel
ZfS	=	Zentralblatt für Sozialversicherung, Sozialhilfe und Versorgung
ZGVW	=	Zeitschrift für die gesamte Versicherungswissenschaft
ZP	=	Erstes Zusatzprotokoll zur Konvention zum Schutze der Menschenrechte und Grundfreiheiten
ZSR	=	Zeitschrift für Sozialreform

I. Einführung

1. Überblick und allgemeine Einordnung der gesetzlichen Rentenversicherungen für Arbeiter und Angestellte in Italien und in der Bundesrepublik Deutschland

a) Überblick über die jeweiligen Rentenversicherungen

In Italien und in der Bundesrepublik Deutschland bestehen gesetzliche Rentenversicherungen für Arbeiter und Angestellte der Privatwirtschaft[1], die zum Ende des vorigen Jahrhunderts eingeführt wurden (in Italien 1898 zunächst als freiwillige Versicherung, in Deutschland 1889 als Pflichtversicherung)[2] und heute – abgesehen von Ausnahmen für einzelne Arbeitnehmergruppen – alle Arbeiter und Angestellten erfassen[3].

In einer groben Skizzierung sind die wesentlichen Merkmale dieser gesetzlichen Rentenversicherungen übereinstimmend dahin zu charakterisieren, daß es sich hierbei jeweils um gesetzlich begründete, öffentlich-rechtlich organisierte Verwaltungseinheiten[4] handelt, zu deren vornehmlichen Aufgaben neben der Gewährleistung einer Alterssicherung für die pflichtversicherten Mitglieder[5] eine Invaliditäts- und Hinterbliebenensicherung gehört.

Die Finanzierung dieser Alterssicherungssysteme erfolgt durch Beitragszahlungen der versicherten Arbeitnehmer und der Arbeitgeber einerseits sowie staatliche Zuschüsse andererseits[6], wobei als Finanzierungsverfahren

---

[1] Die vorliegende Untersuchung wird deshalb auf die Versicherungssysteme der in der Privatwirtschaft tätigen Arbeitnehmer beschränkt, weil in Italien für die im öffentlichen Dienst tätigen Arbeitnehmer – im Gegensatz zur Bundesrepublik Deutschland (abgesehen von der Zusatzversorgung des öffentlichen Dienstes) – ein besonderes Alterssicherungssystem besteht (zur Alterssicherung der öffentlich Bediensteten in Italien siehe Levi Sandri, Istituzioni di legislazione sociale, 1983, S. 113 und 418 f.).

[2] Siehe dazu näher unter II 1 a und III 1 b.

[3] Siehe dazu im einzelnen unter II 1 b und III 1 b; in Italien wird die Rentenpflichtversicherung der Arbeiter und Angestellten von dem Istituto nazionale della previdenza sociale (INPS) über den „Fondo pensioni dei lavoratori dipendenti" durchgeführt (sogenannter „regime generale"), siehe dazu unter II 1 a; in der Bundesrepublik Deutschland handelt es sich um die gesetzlichen Rentenversicherungen der Arbeiter und Angestellten, deren Träger zum einen die Landesversicherungsanstalten, zum anderen die Bundesversicherungsanstalt für Angestellte sind (dazu unter III 1 a).

[4] Dazu unter II 1 a und III 1 a.

[5] Zur Versicherungspflicht siehe unter II 1 b und III 1 b.

[6] Siehe dazu unter II 1 d und III 1 d.

anstelle des in der Privatversicherung gebräuchlichen Kapitaldeckungsverfahrens das sogenannte Umlageverfahren verwendet wird[7]. Die Alterssicherungsleistungen für die versicherten Arbeitnehmer bestehen in der Zahlung einer – unterschiedlich bestimmten – lohnbezogenen Rente[8], die mit Erreichen der jeweils festgelegten Altersgrenze sowie der Erfüllung weiterer Voraussetzungen gewährt[9] und als Bestandsrente auch den wirtschaftlichen Entwicklungen angepaßt wird[10].

b) Verfassungsrechtliche Grundlagen der Rentenversicherungen

Verfassungsrechtliche Grundlage des italienischen Rentenpflichtversicherungssystems ist die Bestimmung des Art. 38 II Cost., die als eines der sogenannten „sozialen Rechte" in der italienischen Verfassung[11] den auf die Arbeitnehmer[12] bezogenen Sozialleistungsbereich der sogenannten „previdenza sociale" regelt[13] und jedem Arbeitnehmer unter anderem ein Recht darauf einräumt, daß die seinen Lebensbedürfnissen angemessenen Mittel für den Fall des Alters bereit- und sichergestellt werden[14]. Hiermit wird zwar kein unmittelbarer Anspruch des Einzelnen auf ein entsprechendes staatliches Handeln begründet, vielmehr handelt es sich um einen an den Staat gerichteten Gestaltungsauftrag[15], dessen wesentliche Bedeutung darin gesehen wird, daß der Staat nicht nur die zur Durchführung einer Alterssicherung notwendigen Organisationsstrukturen zu ermöglichen, sondern vielmehr im Sinne eines intervenierenden Staates angesichts der zur Staatsaufgabe gewordenen sozialen Vorsorge selbst die notwendigen Mittel zur Erfüllung dieses Verfassungsauftrages zu bestimmen hat und im Bedarfsfalle durch eigene finanzielle Beteiligung sicherstellen muß, daß die bezeichneten Rechte auch realisiert werden können[16].

Im Gegensatz zur italienischen Verfassung enthält das deutsche Grundgesetz keine entsprechend spezifische Regelung, vielmehr ist insoweit als ver-

---

[7] Siehe II 1 e und III 1 e.
[8] Zur Berechnung der Altersrenten siehe unter II 1 g und III 1 g.
[9] Zu den Voraussetzungen siehe unter II 1 f und III 1 f.
[10] Siehe zur Anpassung unter II 1 g und III 1 g.
[11] Zu den sozialen Rechten in der italienischen Verfassung siehe Corso, Der Staat, Beiheft 5 (1981), S. 29 ff.; ders., Riv. trim. pubbl. 1981, S. 755 ff.
[12] Zu der Frage, inwieweit Art. 38 II Cost. auch für selbständig Arbeitende Bedeutung hat, siehe die Nachweise unter II 2 a, Anm. 119.
[13] „Soziale Vorsorge"; dieser Begriff wird häufig mit der Sozialversicherung als solcher gleichgesetzt, die „previdenza sociale" kann jedoch auch in anderen Formen durchgeführt werden, siehe nur Sorace / Orsi Battaglini / Ruffili, Diritto pubblico, 1981, S. 120.
[14] Siehe dazu noch ausführlich unter II 2 b.
[15] Siehe unter II 2 b und die Nachweise dort.
[16] Levi Sandri (Anm. 1), S. 223; Persiani, Diritto della previdenza sociale, 1983, S. 13.

1. Allgemeine Einordnung der gesetzlichen Rentenversicherungen

fassungsrechtliche Grundlage auf das in Art. 20 I GG niedergelegte Sozialstaatsprinzip zurückzugreifen, wonach die Bundesrepublik Deutschland „ein demokratischer und sozialer Bundesstaat" ist.

Hierbei handelt es sich um eine die Gesetzgebung, Rechtsprechung und Verwaltung bindende Verfassungsnorm[17], deren Konkretisierung dem Gesetzgeber obliegt[18] und die unter anderem in der Sozialversicherungs- (und damit auch Rentenversicherungs-)gesetzgebung einen wesentlichen Ausdruck gefunden hat[19].

c) Gesetzliche Rentenversicherungen als Bestandteile umfassender Sozialleistungssysteme

Sowohl in Italien als auch in der Bundesrepublik Deutschland sind die Rentenpflichtversicherungen der Arbeitnehmer Teil eines umfassenden Sozialleistungssystems[20].

Dieses wird in der Bundesrepublik Deutschland unter dem eher „statisch" verstandenen Begriff der „sozialen Sicherheit" traditionell in die Bereiche Sozialversicherung, Versorgung und Fürsorge unterschieden[21], wobei die gesetzlichen Rentenversicherungen der Arbeiter und Angestellten neben der Unfall-, Kranken- und Arbeitslosenversicherung zum Bereich der Sozialversicherung rechnen.

In Italien gehört die gesetzliche Rentenpflichtversicherung der Arbeitnehmer zusammen mit den Vorsorgesystemen gegen Arbeitsunfälle, Krankheit sowie Arbeitslosigkeit zum Bereich der „previdenza sociale"[22], die zusammen mit der in Art. 38 I Cost. verfassungsrechtlich normierten „assistenza

---

[17] „Staatsleitlinie", siehe Herzog, in: Maunz / Dürig / Herzog, Komm. z. GG, Art. 20, VIII, Rdn. 6.

[18] BVerfGE Bd. 36, S. 73 ff. (84).

[19] Siehe Wannagat, Lehrbuch des Sozialversicherungsrechts, Bd. I, 1965, S. 173. Dies bedeutet nicht, daß die Sozialversicherung als Organisationsinstrument zur Erbringung sozialer Leistungen institutionell verfassungsrechtlich garantiert ist, ablehnend z. B. BVerfGE Bd. 39, S. 302 ff. (314). In neuerer Zeit wird allerdings versucht, über den Eigentumsschutz sozialversicherungsrechtlicher Positionen, der in bestimmtem Umfang vom BVerfG anerkannt wird (dazu näher unter III 2 b), auch eine institutionelle Garantie des Sozialversicherungssystems zu begründen, so z. B. Heinze, Möglichkeiten der Fortentwicklung des Rechts der Sozialen Sicherheit zwischen Anpassungszwang und Bestandsschutz, Gutachten E zum 55. Deutschen Juristentag 1984, S. E 62 ff.

[20] Zu Italien siehe den Überblick bei Simons, Sozialer Fortschritt 1983, S. 202 ff. sowie Levi Sandri (Anm. 1); zum deutschen System siehe Bley, Sozialrecht, 1982.

[21] Wannagat (Anm. 19), S. 35; siehe auch Schmid, Sozialrecht und Recht der sozialen Sicherheit, 1981, S. 134, der im übrigen einen Überblick über die Verwendung des Begriffs der sozialen Sicherheit in der Bundesrepublik Deutschland gibt, S. 127 ff; in neuerer Zeit wird dieser Unterscheidung zum Teil die Differenzierung nach Vorsorge-, Entschädigungs- und Ausgleichssystemen vorgezogen, siehe Schmid, a.a.O., S. 137 f. mit Nachweisen.

[22] Art. 38 II Cost., siehe schon oben unter b.

sociale"[23], wonach jedem arbeitsunfähigen Bürger, der nicht über die lebensnotwendigen Mittel verfügt, ein Recht auf Unterhalt und Sozialfürsorge zusteht, historisch den Kernbereich des italienischen Sozialleistungssystems ausmacht[24].

Allerdings besteht in der italienischen Sozialrechtswissenschaft heute Uneinigkeit darüber, inwieweit die „previdenza sociale" einerseits und die „assistenza sociale" andererseits noch als selbständig nebeneinander bestehende Sozialleistungsbereiche anzusehen sind, oder ob diese nicht in einem einheitlichen System der „sicurezza sociale" aufgegangen sind und damit zumindest in qualitativer Hinsicht nicht mehr unterschieden werden können.

Zwar wird der Begriff der „sicurezza sociale" übereinstimmend in einem aus der Verfassung abgeleiteten „dynamischen Sinne" dahingehend als Zielbeschreibung verstanden, daß ein umfassendes System der sozialen Sicherheit zu entwickeln ist, das sich nicht mehr nur auf die abhängig oder selbständig Arbeitenden bezieht, sondern darüber hinaus jeden Bürger erfaßt[25] mit dem Ziel der Gewährleistung von „Freiheit von Bedürfnissen"[26].

Unterschiedliche Auffassungen bestehen jedoch darüber, inwieweit diese Zielvorstellung von der Sozialgesetzgebung bereits umgesetzt worden ist und damit die klassische Trennung zwischen „previdenza sociale" und „assistenza sociale" ihre Bedeutung verloren hat.

Während insoweit nach herkömmlicher Ansicht zwischen der vorwiegend im Wege der Sozialversicherung durchgeführten „previdenza sociale"[27] der Arbeitnehmer einerseits und der alle Bürger einbeziehenden „assistenza sociale" andererseits auch heute noch zu trennen ist[28], ist nach anderer, insbesondere von Persiani vertretener Auffassung diese Unterscheidung obsolet geworden[29].

Unter Bezugnahme auf den sogenannten materiellen Gleichheitssatz in Art. 3 II Cost.[30], der es dem Staat zur Aufgabe macht, die Hindernisse wirt-

---

[23] Soziale Fürsorge.
[24] Siehe schon die Differenzierung in den Art. 2114 ff. c. civ.; siehe auch Simons, in: Igl / Schulte / Simons, Einführung in das Recht der sozialen Sicherheit von Frankreich, Großbritannien und Italien, VSSR 1978, Beiheft 1, S. 350 f.
[25] Levi Sandri (Anm. 1), S. 224; Persiani (Anm. 16), S. 11.
[26] „libertà dal bisogno", siehe Persiani (Anm. 16), S. 11; ders., in: Branca (Hrsg.), Commentario della Costituzione, Art. 35 – 40 Cost., Art. 38, Nr. 2.
[27] Hinsichtlich der Art und Weise der Bewerkstelligung der „sozialen Vorsorge" ist der Gesetzgeber frei, siehe Sorace u.a. (Anm. 13), S. 120.
[28] Siehe Levi Sandri (Anm. 1), S. 226, der unter Hinweis auf die geltende Sozialrechtsordnung den Begriff der „sicurezza sociale" allein auf die „previdenza sociale" bezieht.
[29] Persiani (Anm. 16), S. 25.
[30] „eguaglianza sostanziale", siehe Bobbio / Pierandrei, Introduzione alla Costituzione, 1979, S. 54.

schaftlicher und gesellschaftlicher Art zu beseitigen, die die Freiheit und Gleichheit der Bürger tatsächlich begrenzen, wird in Verbindung mit Art. 38 Cost. davon ausgegangen, daß das Ziel der „Befreiung von Bedürfnissen" als Aufgabe der gesamten Gemeinschaft, sprich des Staates, in gleichem Maße den arbeitenden als auch den Bürger im allgemeinen zu berücksichtigen hat und durch verschiedene gesetzliche Maßnahmen bereits eine zumindest teilweise Verwirklichung des Prinzips der „sicurezza sociale" erfolgt ist[31].

Eine für den vorliegenden Zusammenhang wesentliche Konsequenz dieser von Persiani so gesehenen Entwicklung des italienischen Sozialleistungssystems ist die Auffassung, daß der Begriff der Sozialversicherung im Sinne eines technischen Instruments zur Durchführung „sozialer Sicherheit" heute jede rechtliche Relevanz verloren hat. Dies wird im Besonderen damit begründet, daß unter dem Einfluß des Prinzips der „sicurezza sociale" eine Transformation von der die Sozialversicherung kennzeichnenden „Bedürfnisbefriedigung" nur bestimmter Gruppen (im wesentlichen die Arbeitnehmer) zu einer heute unmittelbaren und ausschließlichen „Befriedigung" eines öffentlichen Interesses (und damit gerichtet auf alle Bürger) stattgefunden hat[32].

2. Gegenwärtige Probleme der gesetzlichen Rentenversicherungen und ihre Gründe

Sowohl in Italien als auch in der Bundesrepublik Deutschland war die Entwicklung der sozialen Leistungssysteme nach dem Zweiten Weltkrieg vor dem Hintergrund der wirtschaftlichen Rahmenbedingungen sowie der in beiden Ländern richtungsweisenden verfassungsrechtlichen Festlegung auf einen Sozialstaat (wenn auch auf unterschiedliche Weise: dort durch die Normierung einzelner „sozialer Rechte", hier durch die in das Grundgesetz aufgenommene Sozialstaatsklausel[33]) bis in die Mitte der siebziger Jahre durch die Einführung von immer neuen bzw. verbesserten Leistungen sowie die Ausdehnung auf immer weitere Personenkreise gekennzeichnet.

Im Hinblick auf die gesetzlichen Rentenversicherungen der Arbeitnehmer sei insoweit nur auf die in diesem Zeitraum erfolgte Einbeziehung aller

---

[31] So Persiani (Anm. 16), S. 15, mit Beispielen aus der Gesetzgebung, unter anderem die 1978 erfolgte Neuorganisation des nunmehr alle Bürger erfassenden Krankheitsvorsorgesystems des Servizio sanitario nazionale (eingeführt durch Gesetz Nr. 833 vom 23. 12. 1978); dazu Persiani, a.a.O., S. 177 ff. und Levi Sandri (Anm. 1), S. 349 ff.; Corso, Der Staat, Beiheft 5 (1981), S. 29 ff. (35) spricht von dem „Übergang von einem System der Sozialversicherung auf ein (tendenzielles) System der sozialen Sicherheit" (siehe auch in Riv. trim. pubbl. 1981, S. 755 ff. (761)).
[32] Persiani (Anm. 16), S. 27; auf die sich daraus ergebenden Konsequenzen für die rechtliche Einordnung der gesetzlichen Rentenversicherung der Arbeitnehmer wird unter II 1 jeweils im einzelnen eingegangen.
[33] Siehe oben unter 1 b.

Angestellten in die Rentenversicherungspflicht, unabhängig von der Höhe ihres Einkommens, verwiesen[34], die Einführung der dynamischen lohnbezogenen Rente[35], die Gewährleistung von Mindestrenten[36] sowie die Möglichkeit der Vorverlegung des Rentenbezugsalters[37].

Mit der Mitte des vorigen Jahrzehnts einsetzenden Wirtschaftskrise in den industrialisierten Ländern und der dadurch vor allem verursachten Verlangsamung des Wirtschaftswachstums sowie dem damit einhergehenden Anstieg der Arbeitslosigkeit ist die vorbeschriebene Expansion der Sozialleistungssysteme früher oder später zu einem „Stillstand" gekommen und mehr oder weniger in eine „Krisenverwaltung" der durch die wirtschaftliche Entwicklung verursachten Auswirkungen auf diese Systeme umgeschlagen[38].

Über die durch die Veränderung der wirtschaftlichen Rahmenbedingungen hervorgerufenen Folgen für die Sozialleistungssysteme Italiens und der Bundesrepublik Deutschland hinaus werden diese auch durch die Entwicklung der Bevölkerungsstruktur, die Verlängerung der durchschnittlichen Lebenserwartung sowie sonstiger Veränderungen wie z. B. die allgemeine Verkürzung des Arbeitslebens beeinflußt.

Für die jeweiligen gesetzlichen Rentenversicherungssysteme haben die vorbeschriebenen Entwicklungen vor allem aus folgenden Gründen, gerade begünstigt durch die Struktur dieser Alterssicherungen[39], zu finanziellen Schwierigkeiten geführt[40].

Mit der Verlangsamung bzw. sogar dem Wegfall von Wirtschaftswachstum verringern sich auch die Lohnzuwachsraten der Arbeitnehmer, womit

---

[34] Italien 1950, siehe unter II 1 b; Bundesrepublik Deutschland 1968, siehe unter III 1 b.

[35] Italien: „pensione retributiva", eingeführt durch D.P.R. Nr. 488 vom 27. 4. 1968 (siehe unter II 1 g) sowie die sogenannte „perequazione automatica", eingeführt durch Gesetz Nr. 903 vom 21. 7. 1965, (dazu unter II 1 g). Bundesrepublik Deutschland: Rentenreformgesetze (ArVNG/AnVNG) vom 23. 2. 1957, BGBl 1957 I S. 45 bzw. BGBl 1957 I S. 88 (siehe unter III 1 g).

[36] Italien: eingeführt durch Gesetz Nr. 218 vom 4. 4. 1952 (dazu noch unter II 1 d, Anm. 84). Bundesrepublik Deutschland: „Rente nach Mindesteinkommen", siehe Art. 2 §§ 54b, 54c AnVNG, eingeführt durch Rentenreformgesetz vom 16. 10. 1972 (BGBl 1972 I S. 1965), dazu auch unter III 1 g.

[37] Italien: „pensione di anzianità", eingeführt durch Art. 13, Gesetz Nr. 903 vom 21. 7. 1965 (dazu noch unter II 1 f). Bundesrepublik Deutschland: „flexible Altersgrenze", eingeführt durch Rentenreformgesetz 1972 (BGBl 1972 I S. 1965), dazu noch unter III 1 f.

[38] Stichwort: „Krise des Wohlfahrtsstaates", siehe nur Ferrera, Il Welfare State in Italia, 1984.

[39] Siehe die kurze Skizzierung oben unter 1 a, dazu ausführlich unter II 1 und III 1.

[40] Zu den Finanzierungsproblemen der gesetzlichen Rentenversicherungen in der Bundesrepublik Deutschland siehe Adamy / Steffen, Sozialer Fortschritt 1982, S. 206 ff. (208 f.); vor allem zu den Folgen des defizitären italienischen Alterssicherungssystems siehe Ferrera (Anm. 38), S. 236.

2. Probleme der gesetzlichen Rentenversicherungen

gleichzeitig die Entwicklung der über einen Vomhundertsatz direkt vom Einkommen erhobenen Rentenversicherungsbeiträge gebremst oder sogar zum Stillstand gebracht wird[41].

Durch den mit der Verminderung des Wirtschaftswachstums und der verstärkten Technisierung der Wirtschaft einhergehenden Anstieg der Arbeitslosigkeit scheiden immer mehr Arbeitnehmer zumindest für eine bestimmte Zeit aus dem Erwerbsleben aus, womit dann aber auch keine Beiträge zum jeweiligen Rentenversicherungssystem gezahlt werden, so daß hierdurch direkt das Beitragsaufkommen vermindert wird[42].

Auf der anderen Seite führt Arbeitslosigkeit aber in der Regel auch zu Mehrausgaben der Rentenversicherungen, weil vor allem ältere Arbeitslose versuchen, vorzeitig eine Rente aus der Rentenversicherung zu erhalten[43].

Ein weiterer Faktor für die Verschlechterung der Finanzlage der gesetzlichen Rentenversicherungssysteme liegt in der demographischen Entwicklung sowohl in Italien als auch in der Bundesrepublik Deutschland begründet. Angesichts der in beiden Ländern zu verzeichnenden niedrigen Geburtenraten einerseits und dem wachsenden Anteil der Alten an der Gesamtbevölkerung andererseits müssen in Zukunft – bezogen auf die Rentenversicherungen – immer weniger Arbeitnehmer immer mehr Rentner „finanzieren"[44], was wegen der im Umlageverfahren[45] finanzierten Renten unter den Voraussetzungen eines gleichbleibenden Leistungsniveaus und unveränderter staatlicher Beteiligungen allein durch Beitragserhöhungen ausgeglichen werden könnte.

Schließlich wirkt sich auf die Finanzlage der gesetzlichen Rentenversicherungen die in den letzten Jahrzehnten immer weiter gestiegene durchschnittliche Lebenserwartung mit der Folge eines längeren Rentenbezuges aus[46]. Weiterhin wird die Zeit der effektiven Beitragszahlung durch die allgemeine Verkürzung des Arbeitslebens begrenzt, zum einen bedingt durch die Verlängerung der Ausbildungsphasen und zum anderen durch die vor-

---

[41] Regonini, Il sistema pensionistico: risorse e vincoli, in: Ascoli (Hrsg.), Welfare State all' Italiana, 1984, S. 87 ff. (90); Adamy / Steffen, Sozialer Fortschritt 1982, S. 206 ff. (208); Schmähl, DRV 1983, S. 348 ff. (351).
[42] Regonini (Anm. 41), S. 87 ff. (90); Helberger, Sozialer Fortschritt 1986, S. 13 ff. (15 ff.); Krause, DÖV 1984, S. 740 ff. (745), der zurecht darauf hinweist, daß Beitragsausfälle allerdings nur dann eintreten, wenn nicht von dritter Seite (z. B. der Arbeitslosenversicherung) Beiträge für Arbeitslose erbracht werden.
[43] Krause, DÖV 1984, S. 740 ff. (745).
[44] Regonini (Anm. 41), S. 87 ff. (89); Ferrera (Anm. 38), S. 157/158; Grohmann, DRV 1981, S. 265 ff. (269); Meinhold, DRV 1983, S. 209 ff. (211); Schmähl, DRV 1983, S. 348 ff. (358): in Italien und in der Bundesrepublik Deutschland wird der Anteil der über 65-jährigen an der Gesamtbevölkerung bis zum Jahre 2020 auf ca. 20 % ansteigen, von (1980) 14 % in Italien und 16 % in der Bundesrepublik Deutschland.
[45] Siehe dazu unter II 1 e und III 1 e.
[46] Kolb, DRV 1985, S. 494 ff. (497); Regonini (Anm. 41), S. 87 ff. (89).

zeitige Inanspruchnahme von Rentenleistungen[47], sei es über den Weg der gesetzlich vorgesehenen vorzeitigen Altersrenten[48] oder, was gerade für das italienische Rentenversicherungssystem ein außerordentlich großes Problem geworden ist, durch den Bezug von Invaliditätsrenten[49].

3. Fragestellung nach dem verfassungsrechtlichen Schutz von Rentenansprüchen und -anwartschaften

Vor dem Hintergrund der durch die aufgezeigten Veränderungen hervorgerufenen Auswirkungen für die gesetzlichen Rentenversicherungssysteme der Arbeiter und Angestellten in Italien und in der Bundesrepublik Deutschland verlangt die zukünftige Gewährleistung der Finanzierbarkeit dieser Systeme Ausgleichsmaßnahmen, wofür den zum Handeln aufgerufenen Gesetzgebern – die Beibehaltung der gegenwärtigen Systemstrukturen vorausgesetzt – im wesentlichen nur drei Möglichkeiten kumulativ oder alternativ zur Verfügung stehen:

– die Absenkung des Leistungsniveaus bzw. die Einschränkung des Leistungsspektrums,

– die Erhöhung der Beitragsleistungen sowie

– die Erhöhung des Staatszuschusses bzw. die Ausweitung anderer Formen staatlicher Finanzierungsbeteiligung[50].

Insoweit zeichnet sich seit etwa einem Jahrzehnt die Entwicklung ab, daß die jeweiligen Gesetzgeber versuchen, vor allem durch Einschränkungen im

---

[47] Kolb, DRV 1985, S. 494 ff. (495); Schmähl, DRV 1983, S. 348 ff. (351).
[48] Dazu unter II 1 f und III 1 f.
[49] Zu diesem Problem Persiani (Anm. 16), S. 151 ff. und 229 ff.; Regonini (Anm. 41), S. 87 ff. (103 f.) mit Zahlen zum Mißverhältnis zwischen Invaliditäts- und Altersrenten.
[50] Bei dieser „systeminternen Krisenbewältigung" handelt es sich jedoch nur um einen Teilaspekt der in Italien und in der Bundesrepublik Deutschland diskutierten zukünftigen Entwicklung und Gestaltung der gesetzlichen Rentenversicherungen der Arbeitnehmer einerseits und der jeweiligen Alterssicherungssysteme in ihrer Gesamtheit andererseits. Zur Debatte steht insoweit in beiden Ländern vor allem auch die Notwendigkeit einer Harmonisierung der unterschiedlichen Alterssicherungssysteme (diesbezüglich vor allem das Verhältnis zwischen der Alterssicherung der Arbeitnehmer einerseits und der staatlich Bediensteten andererseits), siehe dazu Ferrera (Anm. 38), S. 143 ff. und das Gutachten der Sachverständigenkommission Alterssicherungssysteme vom 19. 11. 1983, veröffentlicht durch die Bundesregierung. Darüber hinaus ist darauf hinzuweisen, daß in beiden Ländern auch die Schaffung neuer Finanzierungsgrundlagen unter dem Gesichtspunkt erörtert wird, daß die Beitragspflicht zu den gesetzlichen Rentenversicherungen trotz der fortgeschrittenen Automatisierung im Bereich der industriellen Produktion immer noch an das Bestehen eines Arbeitsverhältnisses anknüpft und damit weitgehend automatisierte Unternehmen nur in unverhältnismäßig geringem Maße zur Finanzierung der sozialen Lasten herangezogen werden (siehe dazu Levi Sandri (Anm. 1), S. 258, Italien, und zur Bundesrepublik Deutschland (Stichwort: Maschinensteuer) Unger, ZfS 1985, S. 226 ff. (229); Ruland, SGb 1981, S. 391 ff. (397 f.); Sieveking, ZSR 1983, S. 693 ff. (710)).

3. Fragestellung nach dem Schutz von Rentenpositionen

Leistungsbereich die finanziellen Schwierigkeiten der Rentenversicherungen in den Griff zu bekommen.

So sind in der Bundesrepublik Deutschland in diesem Zeitraum eine Vielzahl von Gesetzen erlassen worden, mit denen unter anderem z. B. die Anpassungsmodalitäten der Zugangs- und Bestandsrenten verändert[51], die Bewertung der sogenannten Ausbildungs-Ausfallzeiten[52] begrenzt[53] oder z. B. auch die beitragsfreie Krankenversicherung der Rentner eingeschränkt wurden[54]. Aus jüngerer Zeit ist auf weitere Eingriffe durch das Haushaltsbegleitgesetz 1984 vom 22. 12. 1983[55] hinzuweisen, mit welchem unter anderem die Voraussetzungen zur Erlangung einer Berufs- und Erwerbsunfähigkeitsrente verschärft sowie der Kinderzuschuß zur Rente in Wegfall gebracht wurden.

Ebenso wird auch in Italien seit einiger Zeit versucht, durch gesetzliche Eingriffsmaßnahmen in den Leistungsbereich den finanziellen Schwierigkeiten des gesetzlichen Rentenversicherungssystems der Arbeitnehmer zu begegnen[56]. Als Beispiele soll hier nur auf die 1983 erfolgte Verschärfung der Voraussetzungen zur Erlangung einer Invaliditätsrente hingewiesen werden[57], die 1978 eingeführte Beschränkung der Rentenanpassung, das heißt bei dem Empfang mehrerer Renten wird nur eine Rente angepaßt[58], die 1983 getroffene Mindestrentenregelung dahingehend, daß eine Ergänzung der Rente auf den Mindestrentenbetrag von der Höhe eines gleichzeitig bezogenen Einkommens abhängig ist[59], sowie schließlich die Veränderung der Rentenberechnung im Jahre 1982 dergestalt, daß die Renten nunmehr auf der Grundlage des Durchschnittsverdienstes der letzten fünf Jahre vor dem Eintritt in den Ruhestand berechnet werden, anstatt, wie zuvor, auf der Basis der drei besten Verdienstjahre in den letzten zehn Jahren vor der Beendigung des Arbeitslebens[60].

Angesichts dieser in beiden Ländern zu verzeichnenden Eingriffsmaßnahmen der jeweiligen Gesetzgeber in gesetzliche Rentenversicherungssysteme, die den pflichtversicherten Mitgliedern unter der Voraussetzung der Erfül-

---

[51] Durch das 21. RAG vom 25. 7. 1978, BGBl 1978 I S. 1089.
[52] Zum Begriff der Ausfallzeit siehe unter III 1 f, Anm. 54.
[53] Durch das 20. RAG vom 27. 6. 1977, BGBl 1977 I S. 1040.
[54] Durch Gesetz vom 27. 6. 1977, BGBl 1977 I S. 1069.
[55] BGBl 1983 I S. 1532.
[56] Siehe Ferrera (Anm. 38), S. 237 f.; allerdings auch in anderen Bereichen, so z. B. betreffend die Alterssicherung der öffentlich Bediensteten die Einschränkung der sogenannten „pensione – baby", wonach Frauen nach nur sehr kurzer Dienstzeit ohne bestimmte Altersgrenze (!) eine Rente erwerben konnten, siehe dazu Ferrera (Anm. 38), S. 237 und Balandi, Politica dir. 1983, S. 225 ff.
[57] Siehe dazu Persiani (Anm. 16), S. 229 ff.
[58] Ferrera (Anm. 38), S. 237.
[59] Persiani (Anm. 16), S. 139.
[60] Siehe ISSR 1983, S. 374 ff. (377); zur Rentenberechnung ausführlich unter II 1 g.

lung bestimmter Bedingungen (und das heißt vor allem über einen bestimmten Zeitraum erbrachte Beiträge) nach Erreichen der Altersgrenze Altersleistungen gewähren, stellt sich die Frage, in welchem Umfang die Leistungserwartungen oder bereits entstandene Leistungsansprüche zur „Disposition" des jeweiligen Gesetzgebers stehen und ob sich hier aus den Verfassungen Italiens und der Bundesrepublik Deutschland Beschränkungen und Maßstäbe für die gesetzgeberische Gestaltungsfreiheit ableiten lassen[61].

Die insoweit für beide Länder festzustellende Aktualität und Parallelität der aufgezeigten Problemstellung[62] wird gerade dadurch besonders unterstrichen, als sich sowohl die italienische Corte Costituzionale wie auch das deutsche Bundesverfassungsgericht in jüngster Zeit mit der Frage zu befassen hatten, inwieweit der jeweilige Gesetzgeber die Anpassungsmodalitäten von Bestandsrenten (nachteilig) verändern kann[63].

Letztlich geht es hierbei um die Frage, in welchem Umfang sozial- und hier insbesondere rentenrechtliche Positionen (Rechtsstellungen) auch in Zeiten wirtschaftlicher Krisen Bestand haben (können und müssen) und damit – in einem umfassenderen Zusammenhang gesehen – die Problematik, inwieweit die allgemein erfolgte und anerkannte Entwicklung vom „laissez-faire-Staat" zum über die traditionellen Grundrechte hinaus auch soziale Rechte anerkennenden und zu deren Verwirklichung intervenierenden „Welfare-State"[64] in wirtschaftlich schlechten Zeiten in einen Interventionismus in umgekehrter Richtung umschlagen kann, daß heißt die Einschränkung oder sogar die Beseitigung von sozialen Rechten[65].

---

[61] In diesem Zusammenhang kann hier nur darauf hingewiesen werden, daß auch Beitragserhöhungen als Maßnahme zur Bewältigung der Finanzierungsschwierigkeiten der gesetzlichen Rentenversicherungssysteme die Frage aufwerfen, ob und in welchem Umfang den Gesetzgebern diesbezüglich verfassungsrechtlich Gestaltungsgrenzen vorgegeben sind. Zu diesem Problemkreis siehe Krause, VSSR 1980, S. 115 ff. (154).

[62] Insbesondere in der Bundesrepublik Deutschland wird diese Frage seit Jahren diskutiert und ist unter dem Thema: „Möglichkeiten der Fortentwicklung des Rechts der Sozialen Sicherheit zwischen Anpassungszwang und Bestandsschutz" auch Gegenstand des 55. Deutschen Juristentages 1984 in Hamburg gewesen, siehe dazu das gleichlautende Gutachten E von Heinze (Anm. 19).

[63] Siehe das Urteil der Corte Costituzionale vom 17. 12. 1985, Nr. 349, in: informazione previdenziale 1986, S. 55 ff. sowie den Beschluß des Bundesverfassungsgerichts vom 10. 5. 1983, in: BVerfGE Bd. 64, S. 87 ff. Das Urteil der Corte Costituzionale bezieht sich allerdings nicht auf den „regime generale" bei INPS (dazu oben unter I 1 a, Anm. 3 und im folgenden unter II 1 a), sondern auf die davon unabhängige Alterspflichtversicherung der Betriebsleiter von Industrieunternehmen, den sogenannten „Istituto nazionale di previdenza per i dirigenti di aziende industriale" (INPDAI), siehe dazu Cosi / Pugliese, I modelli organizzatori degli enti pubblici, Bd. 1, S. 619 ff.

[64] Siehe Cappelletti / Garth, Access to Justice, Bd. I, 1978, S. 7/8; Cappelletti, in: Monash University Law Review, Bd. 8 (1981), S. 15 ff. (26).

[65] Insoweit sei nur darauf hingewiesen, daß in Zusammenhang mit der aufgezeigten Problemstellung in der Bundesrepublik Deutschland zur Lösung der Finanzprobleme

3. Fragestellung nach dem Schutz von Rentenpositionen

Für den Gang der vorliegenden Arbeit wird deshalb im Anschluß an die Darstellung der wesentlichen Strukturen der jeweiligen Rentenversicherungssysteme[66] unter Anlehnung im wesentlichen an die jeweilige Verfassungsrechtsprechung untersucht, inwieweit im Rahmen dieser Systeme erworbene Rentenansprüche und -anwartschaften der versicherten Arbeitnehmer verfassungsrechtlich geschützt sind. Das heißt, in welchem Umfang diese als individuelle Rechtspositionen dem Schutzbereich von einzelnen Verfassungsbestimmungen oder allgemeinen Verfassungsprinzipien unterfallen und welche Schranken und Maßstäbe sich aus einem solchen (eventuellen) Schutz für die Gestaltungsbefugnis der jeweiligen Gesetzgeber ergeben[67].

Darüber hinaus soll durch Heranziehung der sowohl für Italien als auch für die Bundesrepublik Deutschland rechtsverbindlichen Europäischen Menschenrechtskonvention (EMRK)[68] geprüft werden, inwieweit die hier auf völkerrechtlicher Ebene garantierten Menschenrechte und Grundfreiheiten auch für den Schutz von Rentenansprüchen und -anwartschaften sowie die diesbezügliche Gestaltungsfreiheit der jeweiligen Gesetzgeber Bedeutung haben, wobei insoweit im wesentlichen auf die Rechtsprechung der Konventionsorgane abgestellt wird[69].

Schließlich werden die aus den Untersuchungen zu II bis IV gewonnenen Ergebnisse im Rahmen einer Schlußbetrachtung einer vergleichenden kritischen Würdigung unterzogen[70].

---

gerade auch der Rückzug des Staates zugunsten einer verstärkten eigenverantwortlichen Vorsorge propagiert wird, so z. B. unter dem Stichwort „Resozialisierung des Sozialrechts" Heinze (Anm. 19); siehe demgegenüber die Kritik von Unger, ZfS 1985, S. 225 ff. (226) an der „Reprivatisierung" der Sozialversicherung.

[66] Siehe unter II 1 und III 1.
[67] Siehe jeweils unter II 2 und III 2.
[68] Dazu unter IV 1.
[69] Siehe unter IV.
[70] Dazu unter V.

II. Der verfassungsrechtliche Schutz von Rentenansprüchen und -anwartschaften in Italien

1. Die wesentlichen Strukturen der gesetzlichen Rentenversicherung für Arbeiter und Angestellte

a) Träger der gesetzlichen Rentenversicherung

Träger der gesetzlichen Rentenversicherung für die Arbeiter und Angestellten der Privatwirtschaft ist der „Istituto nazionale della previdenza sociale" (INPS).

Neben der Invaliditäts-, Alters- und Hinterbliebenenversicherung hat dieses Institut vor allem noch die Aufgabe, die Arbeitslosenversicherung, Tuberkuloseversicherung sowie die freiwillige individuelle oder kollektive Invaliditäts- und Altersversicherung durchzuführen[1]. Bei diesem Sozialversicherungsträger handelt es sich unter den Gesichtspunkten der Zahl der erfaßten Personen, des Umfangs der Beitragszahlungen sowie der zu verteilenden Leistungen um die wichtigste Einrichtung im Bereich der Sozialversicherungsverwaltung[2].

Zur Gewährleistung der Alterssicherung verwaltet INPS den sogenannten „Fondo pensioni dei lavoratori dipendenti"[3], aus dem die weit überwiegende Mehrzahl der Arbeitnehmer ihre Alterssicherungsleistungen erhält (sogenannter „regime generale")[4]. Daneben werden von INPS zahlreiche weitere Fonds und Kassen verwaltet, die sogenannten „regimi speciali", mit welchen die Alterssicherung für besondere Gruppen von Arbeitnehmern durchgeführt wird[5].

---

[1] Levi Sandri, Istituzioni di legislazione sociale, 1983, S. 78; Cosi / Pugliese, I modelli organizzatori degli enti pubblici, Bd. 1, 1977, S. 602.

[2] Levi Sandri (Anm. 1), S. 77; Balboni, I servizi sociali, in: Amato / Barbera (Hrsg.), Manuale di diritto pubblico, 1984, S. 973 ff. (979).

[3] Eingerichtet durch Art. 29 des Gesetzes Nr. 153 vom 30. 4. 1969.

[4] Persiani, Diritto della previdenza sociale, 1983, S. 130.

[5] Persiani (Anm. 4), S. 130; Levi Sandri (Anm. 1), S. 78; eine Aufzählung der Fonds und Kassen, die über die besonderen Gruppen hinaus auch für bestimmte Gruppen von Selbständigen bei INPS bestehen, findet sich bei Cosi / Pugliese (Anm. 1), S. 603 f. Die „regimi speciali" können – bezogen auf den „regime generale" – ersetzenden oder ergänzenden Charakter haben; kritisch zu diesen speziellen „Alterssicherungssystemen" für bestimmte Gruppen von Arbeitnehmern mit ihren unterschiedlichen gesetzlichen Regelungen Persiani (Anm. 4), S. 130; darüber hinaus existieren auch noch von INPS unabhängige Alterspflichtversicherungen für bestimmte Arbeitnehmer, so z. B. der INPDAI für Betriebsleiter von Industrieunternehmen, siehe oben unter I 3, Anm. 63.

1. Die Strukturen der gesetzlichen Rentenversicherung

Zunächst als „Cassa nazionale di previdenza per l'invalidita e la vecchiaia degli operai" mit Gesetz Nr. 350 vom 17. 7. 1898 gegründet, bei der es sich nur um eine freiwillige Invaliditäts- und Alterssicherung der Arbeiter handelte[6], wurde diese „Kasse" mit der gesetzesvertretenden Verordnung[7] Nr. 603 vom 21. 4. 1919 in „Cassa nazionale per le assicurazioni sociali" (Cnas) umbenannt[8] und brachte gleichzeitig erstmals eine Pflichtinvaliditäts- und -alterssicherung mit sich[9], die neben den Arbeitern auch solche Angestellten miteinbezog, die ein bestimmtes Einkommen nicht überschritten[10].

Mit königlichem Gesetzesdekret[11] Nr. 371 vom 27. 3. 1933 wurde die Cnas schließlich in INPS umbenannt[12] und die von dieser Einrichtung durchgeführte Invaliditäts- und Alterssicherung erfuhr in der folgenden Zeit durch die königlichen Gesetzesdekrete Nr. 1827 vom 4. 10. 1935 sowie Nr. 636 vom 14. 4. 1939 eine grundlegende gesetzliche Ausgestaltung. Trotz vielfacher gesetzlicher Änderungen sind diese Dekrete bis zum heutigen Tag die maßgebende Grundlage der Invaliditäts- und Alterssicherung geblieben[13].

Gemäß Art. 1 des königlichen Gesetzesdekrets Nr. 1827 vom 4. 10. 1935 handelt es sich bei INPS um eine Körperschaft des öffentlichen Rechts mit eigener Rechtspersönlichkeit und selbständiger Geschäftsführung. Unter verwaltungsorganisationsrechtlichen Gesichtspunkten wird diese Körperschaft als ein staatlich institutionalisierter Verwaltungsträger angesehen, in welchem die von der Tätigkeit der Körperschaft betroffenen sozialen Gruppen in den Leitungs- und Entscheidungsorganen mehrheitlich (gegenüber den Vertretern des Staates) vertreten sind, und zwar mittels der Organisationsform der „Repräsentation"[14]. Im Unterschied zu den sogenannten „enti associativi", die durch eine (ohne staatliche Beteiligung erfolgende) Selbstverwaltung der in den betreffenden Körperschaften zusammengefaßten Gruppen gekennzeichnet sind[15], zeichnen sich die „Partizipations-Körperschaften" wie INPS durch das Merkmal der Mitbestimmung aus[16].

---

[6] Levi Sandri (Anm. 1), S. 11.
[7] D.L.Lgt. = decreto legge luogotenenziale.
[8] Levi Sandri (Anm. 1), S. 77/78.
[9] Persiani (Anm. 4), S. 126; Sandri (Anm. 1), S. 14.
[10] 350 Lire monatlich, siehe Persiani (Anm. 1), S. 126.
[11] R.D.L. = regio decreto legge.
[12] Levi Sandri (Anm. 1), S. 78; Cosi / Pugliese (Anm. 1), S. 602.
[13] Persiani (Anm. 4), S. 126; eine Aufzählung der die Verwaltungsorganisation von INPS betreffenden maßgebenden gesetzlichen Regelungen findet sich bei Cosi / Pugliese (Anm. 1), S. 602.
[14] Siehe Cosi / Pugliese (Anm. 1), S. 15 und 602; sogenannter „ente pubblico di tipo istituzionale corretto dalla partecipazione".
[15] Cosi / Pugliese (Anm. 1), S. 12 und 15 ff.
[16] Cosi / Pugliese (Anm. 1), S. 15; zur Typologie der Organisationsmodelle von öffentlich-rechtlichen Körperschaften unter dem Gesichtspunkt ihrer inneren Struktur siehe Cosi / Pugliese (Anm. 1), S. 11 ff.

Hervorzuheben ist insoweit, daß im Verwaltungsrat von INPS – dem unter anderem neben dem Vorschlagsrecht für die Berufung des Präsidenten vor allem auch die Aufgabe zukommt, die generellen Richtlinien über die Tätigkeit dieser öffentlich-rechtlichen Körperschaft zu beschließen[17] – eine Mehrheit von Vertretern der Arbeitnehmer sowie der selbständigen Arbeiter (lavoratori subordinati e lavoratori autonomi) gegenüber den Vertretern des Staates sowie der Arbeitgeber vorhanden ist[18]. Dieser überwiegende Einfluß der Arbeitnehmervertreter bzw. der Vertreter der selbständig Arbeitenden wird damit begründet, daß diese Empfänger der Leistungen sind und aus diesem Grunde ein größeres Interesse an der Tätigkeit der Körperschaft haben[19].

Der Versicherungsträger unterliegt der Kontrolle des Staates, welche grundsätzlich in der Form einer Rechtmäßigkeitskontrolle durch den Arbeitsminister ausgeübt wird[20].

b) Pflichtversicherungssystem

Bei der von INPS durchgeführten Alterssicherung handelt es sich um ein Pflichtversicherungssystem, das heute sowohl die Arbeiter als auch die Angestellten der Privatwirtschaft erfaßt[21].

Die Rentenversicherungspflicht wurde durch gesetzesersetzendes Dekret Nr. 603 vom 21. 4. 1919 eingeführt[22], wenn auch zunächst auf Arbeiter und solche Angestellte beschränkt, deren Verdienst nicht über 350 Lire monatlich hinausging[23]. Mit Gesetz Nr. 633 vom 28. 7. 1950 wurde die an die Verdiensthöhe gebundene Pflichtversicherungsgrenze für die Angestellten beseitigt, so daß seit diesem Zeitpunkt alle Angestellten ohne Rücksicht auf die Höhe ihres Verdienstes in der gesetzlichen Rentenversicherung pflichtversichert sind.

Von der Pflichtversicherung werden gemäß Art. 3 I des königlichen Gesetzesdekrets Nr. 636 vom 14. 4. 1939 alle Arbeiter und Angestellten beiderlei Geschlechts erfaßt, die das 14. Lebensjahr vollendet haben und entgeltliche Arbeit in Abhängigkeit von Dritten leisten[24].

---

[17] Cosi / Pugliese (Anm. 1), S. 606 f.; zu den Aufgaben im einzelnen siehe auch Art. 4 des D.P.R. (decreto del Presidente della Repubblica) Nr. 639 vom 30. 4. 1970.

[18] Zur Zusammensetzung des Verwaltungsrates im einzelnen Cosi / Pugliese (Anm. 1), S. 608.

[19] Mazzoni, Manuale di diritto del lavoro, Bd. II, 1977, S. 904; Levi Sandri (Anm. 1), S. 79, der darauf hinweist, daß es sich hierbei um ein in die Gesetzgebung seit 1947 aufgenommenes Prinzip handelt.

[20] Mazzoni (Anm. 19), S. 905; Art. 53 des D.P.R. Nr. 639 vom 30. 4. 1970.

[21] Zu den Ausnahmen von der Pflichtversicherung bei INPS siehe Levi Sandri (Anm. 1), S. 313/314.

[22] Persiani (Anm. 4), S. 126.

[23] Siehe schon oben, Anm. 10; Persiani (Anm. 4), S. 126.

1. Die Strukturen der gesetzlichen Rentenversicherung

Das Versicherungsverhältnis entsteht kraft Gesetzes bei Bestehen eines Arbeitsverhältnisses, und zwar unabhängig von irgendeinem Willensakt seitens des Arbeitnehmers oder Arbeitgebers[25].

Zur Begründung für diese Auffassung wird auf den sogenannten „principio dell' automaticità delle prestazioni" verwiesen, der in Art. 2116 Codice civile (c. civ.) im Rahmen der (allgemeinen)Vorschriften über die Sozialversicherung eine allgemeine Regelung gefunden hat.

Gemäß diesem Prinzip müssen die Sozialversicherungsträger die Leistungen auch in dem Fall erbringen, daß der Arbeitgeber die geschuldeten Versicherungsbeiträge nicht regelmäßig erbracht hat, sofern nicht spezialgesetzliche Vorschriften eine anderweitige Regelung treffen. Für den Bereich der Rentenversicherung hat dieses Prinzip eine modifizierte Verwirklichung insoweit gefunden, als mit Art. 40 des Gesetzes Nr. 153 vom 30. 4. 1969 in Ergänzung von Art. 27 des königlichen Gesetzesdekrets Nr. 636 vom 14. 4. 1939 bestimmt wurde, daß die Beitragsvoraussetzungen für die Entstehung eines Rechts auf Sozialversicherungsleistungen auch dann als erfüllt anzusehen sind, wenn die Beiträge zwar nicht wirklich gezahlt wurden, die Beitragsschuld jedoch noch nicht verjährt ist[26].

Aus der – wenn auch verjährungsmäßig begrenzten – Anwendung dieses Prinzips auf den Bereich der Rentenversicherung wird gefolgert, daß, da eine Leistungsverpflichtung auch ohne Zahlung der Beiträge entsteht, diese notwendigerweise den rechtlichen Bestand des Versicherungsverhältnisses selbst voraussetzt[27].

c) Rechtsnatur und Struktur des Sozialversicherungsverhältnisses

Das Sozialversicherungsverhältnis wird als ein dem öffentlichen Recht zugehöriges Rechtsverhältnis angesehen. Dies wird mit dem fehlenden Vertragscharakter, der zwangsweisen und im allgemeinen automatischen,

---

[24] Die ursprünglich nur bis zur Vollendung des 60. Lebensjahres (Männer) bzw. 55. Lebensjahres (Frauen) geltende Versicherungspflicht wurde später auch auf Personen ausgedehnt, die über diese Altersgrenzen hinaus entgeltliche Arbeit in Abhängigkeit von Dritten leisten, siehe Art. 27 des Gesetzes Nr. 218 vom 4. 4. 1952 sowie Art. 1 des D.P.R. Nr. 818 vom 26. 4. 1957.
[25] Mazzoni (Anm. 19), S. 895; Levi Sandri (Anm. 1), S. 316/317; anderer Ansicht Persiani (Anm. 4), S. 69, der im Gegensatz zur traditionellen Auffassung zwischen Versicherungsverhältnis und Beitragsverhältnis als zwei voneinander völlig selbständigen Beziehungen trennt und ein Versicherungsverhältnis zwischen Leistungsempfänger und Sozialversicherungsträger erst dann als entstanden ansieht, wenn der Leistungsfall eingetreten ist und damit ein Recht auf die Sozialversicherungsleistungen besteht. Zur Rechtsnatur und Struktur des Versicherungsverhältnisses siehe ausführlich unter c.
[26] Die Verjährungsfrist beträgt 10 Jahre, siehe Art. 41 des Gesetzes Nr. 153 vom 30. 4. 1969.
[27] Levi Sandri (Anm. 1), S. 317.

allein von der Begründung des Arbeitsverhältnisses abhängigen Entstehung, der umfassenden gesetzlichen Regelung dieses Rechtsverhältnisses sowie schließlich seiner Übereinstimmung mit einem öffentlichen Ziel begründet[28].

Trotz der gegenüber dem privatrechtlichen Versicherungsvertrag[29] in wesentlichen Punkten abweichenden Ausgestaltung – zu nennen sind hier vor allem die gesetzliche Begründung dieses Rechtsverhältnisses und dessen umfassende Regelung durch Gesetz, die Beitragsbelastung dritter Personen, die nicht Leistungsempfänger sind, die im Rahmen der Geltung des „principio dell' automaticità"[30] in gewissem Umfang bestehende Unabhängigkeit zwischen Beitragserbringung und Leistungsgewährung[31] – wird auch das Sozialversicherungsverhältnis seiner rechtlichen Natur nach als Versicherung eingeordnet[32].

Insoweit sind nämlich auch diesem Rechtsverhältnis die wesentlichen Merkmale des Rechtsbegriffs der „Versicherung" eigen, und zwar

– die Bildung einer Risikogemeinschaft im Hinblick auf die Verwirklichung bestimmter Ereignisse und die Übertragung dieser Risiken auf ein einziges Subjekt,

– die Identität der den einzelnen Rechtsverhältnissen zugrundeliegenden „causa", nämlich einer zukünftigen, möglicherweise eintretenden Bedürfnissituation entgegenzuwirken sowie

– der aleatorische Charakter[33].

Von dieser Rechtsnatur des Sozialversicherungsverhältnisses geht wohl auch der Gesetzgeber aus, der in Art. 1886 c. civ. angeordnet hat, daß auf die Sozialversicherungen in Ermangelung von Spezialvorschriften die Bestimmungen über die Privatversicherung Anwendung finden[34].

---

[28] Mazzoni (Anm. 19), S. 897; auch im deutschen Recht wird der öffentlich-rechtliche Charakter von Pflichtversicherungsverhältnissen mit der gesetzlichen, vom Willen der Beteiligten unabhängigen Entstehung begründet, siehe BGHZ Bd. 4, S. 208 ff. (212); BVerwGE Bd. 17, S. 74 ff. (75).

[29] Definiert in Art. 1882 c. civ. als „contratto col quale l' assicuratore, verso pagamento di un premio, si obbliga a rivalere l' assicurato, entro i limiti convenuti, del danno ad esso prodotto da un sinistro, ovvero a pagare un capitale o una rendita al verificarsi di un evento attinente alla vita umana."

[30] Siehe dazu oben unter b.

[31] Zu den charakteristischen Merkmalen der Sozialversicherung siehe auch Schiavo, Prev. soc. 1983, S. 1591 ff. (1596 ff.).

[32] Levi Sandri (Anm. 1), S. 237; Schiavo, Prev. soc. 1983, S. 1591 ff. (1597); anderer Ansicht Persiani (Anm. 4), S. 27, nach dessen Auffassung heute das Rechtsinstitut der Versicherung für den Bereich der Sozialversicherung jede rechtliche Relevanz verloren hat, siehe dazu noch im folgenden sowie bereits unter I 1 c.

[33] Levi Sandri (Anm. 1), S. 237; Mazzoni (Anm. 19), S. 887/888.

[34] So Levi Sandri (Anm. 1), S. 237; Art. 1886 c. civ.: „Assicurazioni sociali: Le assicurazioni sociali sono disciplinate dalle leggi speciali. In mancanza si applicano le norme del presente capo." (Capo XX, Dell' assicurazione).

1. Die Strukturen der gesetzlichen Rentenversicherung

Im Hinblick auf die Strukturelemente des Sozialversicherungsverhältnisses wird unterschieden zwischen den beteiligten Subjekten, dem Gegenstand des Verhältnisses sowie seinem Inhalt[35].

Bei den am Sozialversicherungsverhältnis beteiligten Subjekten handelt es sich um den Versicherungsträger, den Versicherungsnehmer sowie den Versicherten[36]. Im Bereich der Invaliditäts-, Alters- und Hinterbliebenensicherung der Arbeitnehmer ist Versicherungsträger die öffentlich-rechtlich organisierte Körperschaft INPS[37], Versicherungsnehmer ist der Arbeitgeber sowie Versicherter der Arbeitnehmer[38], es handelt sich mithin um ein Drei-Personen-Verhältnis[39].

Gegenstand des Sozialversicherungsverhältnisses ist die Versicherung bestimmter Risiken, im Bereich der Invaliditäts-, Alters- und Hinterbliebenensicherung die Risiken der Invalidität, des Alters sowie des Todes[40]. Auf der Grundlage des allgemeinen versicherungstechnischen Begriffs des Risikos muß es sich hierbei um die Verwirklichung eines zukünftigen Ereignisses handeln, dessen Eintritt entweder hinsichtlich des „ob" bzw. des „wann" oder aber in Bezug auf beide Elemente ungewiß ist[41]. Die Verwirklichung des Risikos muß grundsätzlich von Zufall, höherer Gewalt oder der Handlung einer dritten, außerhalb des Sozialversicherungsverhältnisses stehenden Person abhängen[42].

Unter dem Inhalt des Sozialversicherungsverhältnisses werden die vielfältigen Beziehungen zwischen den einzelnen beteiligten Subjekten sowie die sich daraus ergebenden Rechte und Pflichten verstanden[43].

---

[35] Levi Sandri (Anm. 1), S. 240 ff., 242 ff., 244 ff.; Mazzoni (Anm. 19), S. 901 ff., 933 ff., 977 ff.
[36] Levi Sandri (Anm. 1), S. 240; Mazzoni (Anm. 19), S. 901.
[37] Dazu näher oben unter a.
[38] Mazzoni (Anm. 19), S. 901.
[39] Mazzoni (Anm. 19), S. 901; bei den Versicherungsverhältnissen der Selbständigen fallen Versicherungsnehmer und Versicherter notwendig zusammen, siehe Levi Sandri (Anm. 1), S. 241.
[40] Levi Sandri (Anm. 1), S. 314.
[41] Levi Sandri (Anm. 1), S. 314; zu dem Problem der Risikoverwirklichung bereits vor der Begründung des Sozialversicherungsverhältnisses siehe Levi Sandri (Anm. 1), S. 242/243; siehe in diesem Zusammenhang auch die Entscheidung der Corte Costituzionale vom 13. 6. 1983, Nr. 163, in welcher diese die Vorschrift des Art. 10 I, R.D.L. Nr. 636 vom 14. 4. 1939 insoweit für verfassungswidrig erklärte, als danach bei einer schon vor Beginn des Versicherungsverhältnisses auf unter 1/3 der normalen Arbeitskraft reduzierten Arbeitsfähigkeit auch derjenige keine Invaliditätsrente erwerben konnte, dessen (verbliebene) Arbeitsfähigkeit sich bei einem dennoch aufgenommenen Arbeitsverhältnis weiter verschlechterte (veröffentlicht in Prev. soc. 1983, S. 1377 ff.).
[42] Levi Sandri (Anm. 1), S. 242.
[43] Mazzoni (Anm. 19), S. 977; Levi Sandri (Anm. 1), S. 244, spricht von „doveri" (Pflichten), „diritti soggettivi" (subjektive Rechte) und „interessi legitimi" (unter „rechtmäßigen Interessen" werden die subjektiven Rechtsstellungen des einzelnen verstanden, die sich aus seinem Anspruch gegenüber der Verwaltung auf gesetzeskon-

Im wesentlichen handelt es sich hierbei um die Beitragszahlungs- und Leistungserbringungspflicht sowie das Recht auf die Gewährung von Sozialversicherungsleistungen.

Den Versicherungsträger INPS trifft neben der Verpflichtung, das kraft Gesetzes entstehende Rechtsverhältnis mit allen rechtlichen Konsequenzen durchzuführen[44], vor allem die Pflicht zur Leistungserbringung[45]. Dem entspricht auf der anderen Seite ein öffentlich-rechtlicher Anspruch von INPS im Verhältnis zum Arbeitgeber auf Zahlung der Versicherungsbeiträge[46]. Auch insoweit, als ein Teil der Beitragslast dem Arbeitnehmer auferlegt ist[47], trifft den Arbeitgeber die Verantwortlichkeit zur Beitragszahlung[48].

Für den Arbeitgeber besteht zwar ein Recht auf Begründung des Versicherungsverhältnisses bei Vorliegen der entsprechenden Voraussetzungen[49], im Hinblick auf die Gewährung der Sozialversicherungsleistungen wird ihm jedoch kein eigenes Interesse oder Recht zuerkannt[50].

Schließlich ist der Arbeitnehmer als Versicherter gegenüber dem Versicherungsträger INPS Inhaber eines subjektiven Rechts auf die Gewährung von Sozialversicherungsleistungen[51], wobei dieses Recht aufschiebend bedingt ist durch die Verwirklichung des versicherten Ereignisses[52]. Daneben wird dem Arbeitnehmer in den Fällen, in denen der Versicherungsträger bei vom Arbeitgeber unterlassener Beitragszahlung nicht oder nicht zur vollen Leistungsgewährung verpflichtet ist – was gerade im Bereich der Alterssicherung wegen der nur begrenzten Geltung des „principio dell' automaticità" relevant werden kann[53] –, ein Anspruch auf vorschriftsmäßige Abwicklung des Versicherungsverhältnisses gegen den Arbeitgeber eingeräumt[54].

Die Pluralität der beteiligten Personen und Beziehungen innerhalb des nach herkömmlicher Auffassung einheitlichen Sozialversicherungsverhältnisses[55] hat zum Teil zu der Ansicht geführt, daß es sich hierbei nicht um ein

---

formes Verhalten ableiten, siehe dazu Bobbio / Pierandrei, Introduzione alla Costituzione, 1979, S. 103 f. sowie Pizzorusso, Lezioni di diritto costituzionale, 1981, S. 194.

[44] Levi Sandri (Anm. 1), S. 244.
[45] Mazzoni (Anm. 19), S. 977; Levi Sandri (Anm. 1), S. 245.
[46] Levi Sandri (Anm. 1), S. 245; Mazzoni (Anm. 19), S. 977.
[47] Zu den Beiträgen als Finanzierungsmittel siehe noch unter d.
[48] Levi Sandri (Anm. 1), S. 245.
[49] Levi Sandri (Anm. 1), S. 245.
[50] Levi Sandri (Anm. 1), S. 245.
[51] Mazzoni (Anm. 19), S. 977 und 989 f.; Levi Sandri (Anm. 1), S. 245.
[52] Levi Sandri (Anm. 1), S. 245.
[53] Zu diesem Prinzip siehe oben unter b.
[54] Levi Sandri (Anm. 1), S. 245; Mazzoni (Anm. 19), S. 990.
[55] Mazzoni (Anm. 19), S. 889; Schiavo, Prev. soc. 1983, S. 1591 ff. (1597).

1. Die Strukturen der gesetzlichen Rentenversicherung

komplexes, sondern um mehrere voneinander unabhängige Rechtsverhältnisse handelt.

Nach dieser – vor allem von Persiani vertretenen – Auffassung ist die rechtliche Struktur des Sozialversicherungssystems durch verschiedene, voneinander unabhängige Beziehungen zwischen den beteiligten Subjekten gekennzeichnet, wobei hier vor allem die rechtliche Trennung zwischen dem zwischen Versicherungsträger und Leistungsempfänger bestehenden Rechtsverhältnis („rapporto giuridico previdenziale") und dem zwischen Versicherungsträger und Beitragsverpflichtetem bestehenden Beitragsverhältnis („rapporto contributivo") von Bedeutung ist[56].

Mit der Begründung des Arbeitsverhältnisses zwischen Arbeitgeber und Arbeitnehmer entsteht nach Persiani zunächst nur kraft Gesetzes das Beitragsverhältnis mit der den Arbeitgeber treffenden Pflicht zur Beitragszahlung[57], während das Leistungsverhältnis zwischen Versicherungsträger und Arbeitnehmer erst mit der Verwirklichung des versicherten Risikos entsteht[58]. Dies hat zur Folge, daß erst in diesem Zeitpunkt einerseits eine Verpflichtung zur Erbringung der Leistungen für den Versicherungsträger, andererseits ein Recht des Leistungsempfängers auf die Versicherungsleistungen begründet wird[59].

Grundlage dieser Rechtskonstruktion von selbständigen Beitrags- und Leistungsverhältnissen zwischen Sozialversicherungsträger und Arbeitgeber einerseits sowie Arbeitnehmer andererseits ist die Auffassung, daß zwischen der Verpflichtung zur Beitragszahlung und der Verpflichtung zur Leistungsgewährung keine Beziehung im Sinne einer synallagmatischen Verknüpfung besteht[60]. Darunter versteht Persiani den Zusammenhang von einander entsprechenden vertraglichen Leistungsverpflichtungen, mit denen die Vertragsparteien ihre jeweils eigenen Interessen im Wege gegenseitiger Unterwerfung realisieren[61].

Hiervon ausgehend lehnt er einen solchen Zusammenhang zwischen Beitrags- und Leistungsverpflichtung im Bereich der Sozialversicherung ab, und zwar weniger wegen der fehlenden Äquivalenz zwischen Beiträgen und Leistungen als vielmehr deshalb, weil diese Verpflichtungen nicht aus der

---

[56] Persiani (Anm. 4), S. 69 f.; darüber hinaus unterscheidet Persiani noch die zwischen Staat und Sozialversicherungsträger sowie Staat und Leistungsempfänger bestehenden Rechtsverhältnisse, siehe S. 32; zum „rapporto giuridico previdenziale" im einzelnen S. 69 ff., zum „rapporto contributivo" S. 49 ff.
[57] Persiani (Anm. 4), S. 57 und 69/70.
[58] Persiani (Anm. 4), S. 70.
[59] Persiani (Anm. 4), S. 70; hierbei handelt es sich um ein subjektives öffentliches Recht, siehe Persiani (Anm. 4), S. 84, dazu noch unter f.
[60] Persiani (Anm. 4), S. 34.
[61] Persiani (Anm. 4), S. 34.

3 Boecken

Interessenübereinstimmung zweier verpflichteter Subjekte resultierten, sondern im Gegensatz dazu zur Erfüllung eines öffentlichen – staatlichen – Interesses auferlegt würden[62]. Darüber hinaus verweist Persiani zur Begründung der fehlenden Gegenseitigkeit von Beiträgen und Leistungen auf den „principio dell' automaticità"[63]. Hieraus ergebe sich, daß im Unterschied zur Privatversicherung die Sozialversicherungsleistungen nicht in Abhängigkeit von der Zahlung der Versicherungsbeiträge geleistet würden[64].

Dem wird von Seiten der herkömmlichen – den versicherungsmäßig strukturierten Charakter der Sozialversicherung betonenden – Ansicht, welche die Aufgabe einer angemessenen Vorsorge für die Wechselfälle des Lebens ebenfalls als staatliche Verpflichtung ansieht[65], entgegengehalten, daß auch im Bereich der Sozialversicherung von einer Wechselbeziehung zwischen Leistungen und Beiträgen auszugehen ist[66]. Zwar sei es richtig, daß die Sozialversicherungsleistungen auch bei Nichterfüllung der Beitragsverpflichtungen des Arbeitgebers gewährt werden müßten[67], jedoch sei für die Bejahung einer solchen Wechselbeziehung entscheidend, daß die Leistungsverpflichtung die vorherige Feststellung einer Beitragsschuld voraussetze[68].

d) Finanzierungsmittel

Die Finanzierung der Invaliditäts-, Alters- und Hinterbliebenenversorgung der Arbeitnehmer erfolgt überwiegend durch Beiträge der Arbeitgeber und Arbeitnehmer, daneben aber auch durch staatliche Beteiligung.

Im Hinblick auf die Beitragsfinanzierung von Seiten der Arbeitgeber und Arbeitnehmer wird unterschieden zwischen „contributi base" und „contributi integrativi"[69].

---

[62] Persiani (Anm. 4), S. 34/35; zur Aufgabe und Stellung des Staates im Hinblick auf die Sozialversicherung siehe bereits unter I 1 b sowie unter 2.
[63] Siehe dazu oben unter b.
[64] Persiani (Anm. 4), S. 35.
[65] Schiavo, Prev. soc. 1983, S. 1591 ff. (1597); Levi Sandri (Anm. 1), S. 223.
[66] Levi Sandri (Anm. 1), S. 236; Mazzoni (Anm. 19), S. 888/889.
[67] Im Bereich der Invaliditäts-, Alters- und Hinterbliebenensicherung allerdings eingeschränkt wegen der nur begrenzten Anwendung des „principo dell' automaticità", siehe oben unter b.
[68] Levi Sandri (Anm. 1), S. 236; Mazzoni (Anm. 19), S. 888/889; siehe Art. 40 des Gesetzes Nr. 153 vom 30. 4. 1969: danach ist die Voraussetzung der gesetzlich festgelegten Beitragsleistung auch dann als erfüllt anzusehen, „. . . quando i contributi non siano effettivamente versati, ma risultino dovuti nei limiti della prescrizione decennale."
[69] Persiani (Anm. 4), S. 172; Levi Sandri (Anm. 1), S. 318, der von „contributi per le assicurazioni base" und „contributi per l' adeguamento delle pensioni" spricht.

1. Die Strukturen der gesetzlichen Rentenversicherung

Während die „contributi base" zunächst dazu bestimmt waren, eine Grundrente zu finanzieren[70], wobei die Beitragshöhe auf der Grundlage von Beitragsklassen bestimmt wurde[71], sind die „contributi integrativi" nach dem Krieg eingeführt worden, um die Höhe der Renten an die Geldentwertung anzupassen[72]. Mit der Errichtung des „Fondo pensioni dei lavoratori dipendenti"[73] wurde die Verwaltung dieser beiden Beitragsarten insoweit vereinheitlicht, als diese seit diesem Zeitpunkt demselben Fond zufließen[74].

Die Höhe der Beiträge richtet sich für beide Beitragsarten nicht – wie in der Privatversicherung – nach dem übernommenen Risiko, sondern wird als Vomhundertsatz der an den Arbeitnehmer gezahlten Bruttovergütung festgesetzt[75].

Der Vomhundertsatz für die „contributi base" beträgt 0.11 % der Bruttovergütung und ist allein vom Arbeitgeber zu tragen[76]. Demgegenüber sind die „contributi integrativi" sowohl von den Arbeitnehmern als auch von den Arbeitgebern aufzubringen, wobei allerdings die letzteren den überwiegenden Teil der gesetzlich festgelegten Beitragslast zu tragen haben[77].

Die Beitragssätze können zum Zwecke der Aufrechterhaltung des Haushaltsgleichgewichts mit D.P.R. verändert werden, eine gesetzliche Verpflichtung zur Erhöhung der Beiträge besteht für den Fall, daß die Abschlußbilanz ein höheres Defizit als 3 % der gesamten Einnahmen des jeweiligen Geschäftsjahres ausweist[78].

Für die Zahlung der Versicherungsbeiträge ist der Arbeitgeber auch insoweit verantwortlich, als diese vom Arbeitnehmer zu tragen sind. Die Beiträge sind für jeden Lohnzahlungszeitraum in entsprechender Höhe von der Vergütung einzubehalten[79].

---

[70] Persiani (Anm. 4), S. 172.
[71] Levi Sandri (Anm. 1), S. 318.
[72] Persiani (Anm. 4), S. 172.
[73] Durch Art. 29 des Gesetzes Nr. 153 vom 30. 4. 1969, siehe bereits unter a.
[74] Persiani (Anm. 4), S. 173; Art. 29 II des Gesetzes Nr. 153 vom 30. 4. 1969.
[75] Levi Sandri (Anm. 1), S. 246 / 250; Mazzoni (Anm. 19), S. 998; siehe Art. 17, Gesetz Nr. 218 vom 4. 4. 1952 (contributi integrativi); Art. 28, Gesetz Nr. 160 vom 3. 6. 1975 (contributi base); zum Begriff der Vergütung siehe Art. 12, Gesetz Nr. 153 vom 30. 4. 1969, dazu im einzelnen Levi Sandri (Anm. 1), S. 250/251.
[76] Levi Sandri (Anm. 1), S. 318; siehe Art. 28 des Gesetzes Nr. 160 vom 3. 6. 1975, wodurch die Berechnung der „contributi base" von dem Beitragsklassensystem auf ein Vomhundertsatz-System umgestellt wurde.
[77] Persiani (Anm. 4), S. 172; für 1985 betrug der Beitragssatz 24.20 %, davon hatten die Arbeitgeber 17.05 %, die Arbeitnehmer 7.15 % zu tragen, siehe Prev. soc. 1984, S. 1656 f. (1657).
[78] Art. 16, Gesetz Nr. 160 vom 3. 6. 1975.
[79] Art. 19, Gesetz Nr. 218 vom 4. 4. 1952; zu Einzelheiten des Zahlungssystems siehe Levi Sandri (Anm. 1), S. 320 f.

II. Der verfassungsrechtliche Schutz in Italien

Neben der Finanzierung durch Beiträge von Seiten der Arbeitnehmer und Arbeitgeber trägt auch der Staat zur Aufbringung der notwendigen Mittel bei.

Dies geschieht einmal durch die Gewährung punktueller Zuschüsse[80], wenn der Finanzbedarf nicht allein durch die Beiträge der Arbeitnehmer und Arbeitgeber gedeckt werden kann[81], in der Hauptsache besteht der staatliche Beitrag jedoch heute in der Finanzierung des sogenannten „Fondo sociale", der durch Gesetz Nr. 903 vom 21. 7. 1965 bei INPS mit getrennter Rechnungsführung (siehe Art. 2 des Gesetzes) eingerichtet wurde und an alle Inhaber von Invaliditäts-, Alters- und Hinterbliebenenrenten die sogenannte „pensione sociale" in einheitlicher Höhe gewährt[82].

Wenn damit auch grundsätzlich eine komplexe Altersversorgung, zusammengesetzt aus der Altersrente (gezahlt vom „Fondo pensioni dei lavoratori dipendenti") sowie der „pensione sociale" (gezahlt vom „Fondo sociale") besteht, so macht sich dies für den einzelnen Rentenempfänger jedoch deshalb nicht bemerkbar, weil der Betrag der „pensione sociale" von der Altersrente abgezogen wird[83].

Die Bedeutung der „pensione sociale" liegt deshalb insoweit vor allem in der hierdurch erfolgenden Beteiligung des Staates an der Finanzierung der Renten[84].

---

[80] Siehe z. B. Art. 6 des Finanzgesetzes Nr. 130 vom 26. 4. 1983, wonach aus dem Staatshaushalt für INPS 20.700 Milliarden Lire zur Verfügung gestellt wurden.

[81] Levi Sandri (Anm. 1), S. 256.

[82] 12000 Lire monatlich. Gemäß Art. 1 des Gesetzes Nr. 153 vom 30. 4. 1969 erfolgt die Finanzierung des „Fondo sociale" seit dem 1. 1. 1976 voll zu Lasten des Staates, nachdem zunächst in den ersten zehn Jahren neben dem Staat auch die Mitglieder bestimmter Fonds und Kassen aus dem Bereich der Sozialversicherung an der Finanzierung beteiligt waren, siehe Art. 3 des Gesetzes Nr. 903 vom 21. 7. 1965. Zur verfassungsrechtlichen Zulässigkeit dieser „Zwangsabgabe" zugunsten des Fondo sociale, von der Renten mit einer bestimmten Höhe betroffen waren, siehe Corte Costituzionale, Urteil Nr. 146 vom 27. 7. 1972, in: Giur. costituz. 1972 I S. 1493 ff. Von dieser Rente zu unterscheiden ist die – ebenfalls über den Fondo sociale finanzierte – „pensione sociale", die mit Art. 26, Gesetz Nr. 153 vom 30. 4. 1969 eingeführt wurde und jedem italienischen Bürger nach Vollendung des 65. Lebensjahres gewährt wird, dessen Einkommen unterhalb einer bestimmten Grenze liegt. Zu den Voraussetzungen im einzelnen siehe jetzt Art. 3 D.L. Nr. 30 vom 2. 3. 1974, dazu Levi Sandri (Anm. 1), S. 330 ff. Gerade diese Alterssicherungsleistung, die unabhängig davon gewährt wird, ob jemand gearbeitet hat oder nicht, wird als Beispiel für die Entwicklung zu einem umfassenden System der sozialen Sicherheit angesehen, Persiani (Anm. 4), S. 15 f., siehe schon unter I 1 c.

[83] Levi Sandri (Anm. 1), S. 327; Art. 9, Gesetz Nr. 903 vom 21. 7. 1965.

[84] Ihre Rechtfertigung findet diese Beteiligung vor allem unter dem Aspekt, daß der Staat wenigstens teilweise an der Finanzierung der von der Invaliditäts-, Alters- und Hinterbliebenenversicherung vorgesehenen Mindestrente (dazu noch unter f) beteiligt wird und diese nicht nur zu Lasten der Solidargemeinschaft geht, siehe Simons, in: Igl / Schulte / Simons, Einführung in das Recht der sozialen Sicherheit von Frankreich, Großbritannien und Italien, VSSR 1978, Beiheft 1, S. 407; die Mindestrente

1. Die Strukturen der gesetzlichen Rentenversicherung

e) Finanzierungssystem der Invaliditäts-, Alters- und Hinterbliebenenversicherung

Im Bereich der Sozialversicherung kommen im wesentlichen zwei Arten von Finanzierungssystemen in Betracht: das Kapitaldeckungsverfahren (sistema della capitalizzazione[85]) sowie das Umlageverfahren (sistema di ripartizione[86]).

Bis auf wenige Ausnahmen[87] erfolgt die Finanzierung der Sozialversicherungsleistungen heute in nahezu allen Bereichen der Sozialversicherung im Wege des Umlageverfahrens[88]. Dies gilt auch für den Bereich der Invaliditäts-, Alters- und Hinterbliebenensicherung[89], wo das ursprünglich verwendete Kapitaldeckungsverfahren nach dem Krieg durch das Umlageverfahren ersetzt wurde.

---

wurde eingeführt durch Art. 10, Gesetz Nr. 218 vom 4. 4. 1952, dazu Persiani (Anm. 4), S. 138.

In Zusammenhang mit der Finanzierung der Sozialversicherung im allgemeinen sowie der Invaliditäts-, Alters- und Hinterbliebenensicherung im besonderen kann an dieser Stelle nur kurz darauf hingewiesen werden, daß insoweit vor allem drei Problembereiche diskutiert werden.

Zum einen besteht über die Rechtsnatur des Sozialversicherungsbeitrages keine Einigkeit. Während Levi Sandri als ein Vertreter der herkömmlichen Ansicht vom versicherungstechnisch ausgestalteten Sozialversicherungsverhältnis (siehe dazu oben unter c) den Beitrag als ein Element dieses Verhältnisses, und zwar die den Versicherungsnehmer treffende Verpflichtung, einordnet (Levi Sandri (Anm. 1), S. 246), sieht Persiani den Beitrag als eine Form der Steuer an und begründet diese Auffassung mit der staatlichen Einflußnahme im Bereich der Sozialversicherung und der darin zum Ausdruck kommenden unmittelbaren Bewältigung eines öffentlichen – staatlichen – Interesses (Persiani (Anm. 4), S. 55; siehe zu dieser Problematik insbesondere Cerri, Dir. società 1983, S. 275 ff. (300 ff.), der unter verfassungsrechtlichen Gesichtspunkten den steuerlichen Charakter der Sozialversicherungsbeiträge ablehnt und damit auch die Anwendbarkeit von Art. 53 Cost.). Darüber hinaus ist noch auf die „teoria del salario previdenziale" hinzuweisen, wonach der Sozialversicherungsbeitrag als Teil der Vergütung des Arbeitnehmers angesehen wird, der eben erst im Falle zukünftiger Bedürfnislagen zur Auszahlung kommt (Levi Sandri (Anm. 1), S. 248; siehe dazu auch die Literaturnachweise bei Persiani (Anm. 4), S. 55).

Zum anderen handelt es sich um die sogenannte „fiscalizzazione degli oneri sociali", womit das Problem angesprochen wird, inwieweit nicht der Staat – wenn man die Sozialversicherung als öffentliche, staatliche Aufgabe ansieht – auch die Lasten dieses Sicherungssystems voll tragen muß, statt diese allein auf bestimmte gesellschaftliche Gruppen zu verteilen (Levi Sandri (Anm. 1), S. 255 ff.).

Schließlich wird eine Reform des Finanzierungssystems unter dem Gesichtspunkt für notwendig erachtet, daß die Beitragspflicht zur Sozialversicherung trotz der fortgeschrittenen Automatisierung im Bereich der industriellen Produktion noch immer an das Bestehen eines Arbeitsverhältnisses anknüpft und damit Unternehmen, deren Produktion weitgehend automatisiert ist, nur in unverhältnismäßig geringem Maße zur Finanzierung der sozialen Lasten herangezogen werden (Levi Sandri (Anm. 1), S. 250, unter dem Stichwort „Maschinensteuer" wird diese Diskussion auch in der Bundesrepublik Deutschland geführt, siehe z. B. Unger, ZfS 1985, S. 226 ff. (229) und Ruland, SGb 1981, S. 391 ff. (397 f.)).

[85] Levi Sandri (Anm. 1), S. 263/264.
[86] Levi Sandri (Anm. 1), S. 263/264.
[87] Levi Sandri (Anm. 1), S. 265.
[88] Persiani (Anm. 4), S. 38; Levi Sandri (Anm. 1), S. 264/265.
[89] Persiani (Anm. 4), S. 172.

Während sich das Kapitaldeckungsverfahren dadurch auszeichnet, daß mit den eingezahlten Beiträgen Rücklagen gebildet werden, aus denen die später zu erbringenden Leistungen zu gewähren sind[90], ist das Umlageverfahren demgegenüber dadurch gekennzeichnet, daß die in einem Geschäftsjahr zu gewährenden Leistungen auf alle Beitragsverpflichteten verteilt werden[91], das heißt, die in einem bestimmten Zeitraum erhobenen Beiträge werden sofort für die in demselben Zeitraum zu gewährenden Leistungen verwendet[92].

Aus dem Umstand, daß bei Verwendung des Umlageverfahrens die jeweils aktive, im Arbeitsleben stehende Generation die im Ruhestand lebende Generation finanziert, folgert Persiani, daß damit die für den Begriff der Versicherung typische Identität zwischen den den jeweiligen Risiken ausgesetzten Personen und denen, welche die Verwirklichung der Risiken zu tragen hätten, fehlen würde[93]. Deshalb sieht er in dem vollzogenen Übergang vom Kapitaldeckungs- zum Umlageverfahren einen weiteren Beleg für die Entwicklung von einem ehemals versicherungstechnisch strukturierten System der Sozialversicherung zu einem System der sozialen Sicherheit[94].

Demgegenüber weist Levi Sandri darauf hin, daß aus der Verwendung des Umlageverfahrens im Bereich der Sozialversicherung keine Konsequenzen im Hinblick auf die rechtliche Einordnung als Versicherung gezogen werden könnten. Dem Finanzierungssystem komme allein Bedeutung für die finanzielle Verwaltung der Versicherungen zu, nicht aber würde davon der Charakter des Sozialversicherungsverhältnisses als solchen beeinflußt[95]. Auch im Rahmen dieses Systems seien die Beitragszahler den jeweils versicherten Risiken ausgesetzt, und zwar unabhängig davon, daß die Beiträge für Sozialversicherungsleistungen an andere Personen verwendet würden, die selbst einmal Beiträge geleistet hätten[96].

f) Alterssicherungsleistungen und ihre Voraussetzungen

Im Rahmen der Invaliditäts-, Alters- und Hinterbliebenenversicherung gibt es zwei verschiedene Alterssicherungsleistungen[97], und zwar die „pen-

---

[90] Siehe näher Levi Sandri (Anm. 1), S. 264.
[91] Levi Sandri (Anm. 1), S. 264.
[92] Regonini, Il sistema pensionistico, in: Ascoli (Hrsg.), Welfare State all' Italiana, 1984, S. 87 ff. (91); zu den wesentlichen Vor- und Nachteilen dieser beiden Finanzierungssysteme siehe Levi Sandri (Anm. 1), S. 264; Regonini, a.a.O., S. 92, spricht von dem Mechanismus eines Einkommenstransfers zwischen den Generationen (vergleiche auch die in Deutschland verwendete Bezeichnung „Generationenvertrag", dazu unter III 1 e).
[93] Persiani (Anm. 4), S. 38.
[94] Persiani (Anm. 4), S. 15; dazu bereits in der Einführung unter I 1 c.
[95] Levi Sandri (Anm. 1), S. 236; siehe auch Cerri, Dir. società 1983, S. 275 ff. (278).
[96] Levi Sandri (Anm. 1), S. 236/237.

sione di vecchiaia" (Altersrente) sowie die „pensione di anzianità" („Dienstaltersrente")[98].

Die Voraussetzungen für den Erwerb einer „pensione di vecchiaia" ergeben sich aus Art. 9 des königlichen Gesetzesdekrets Nr. 636 vom 14. 4. 1939 in seiner Änderung durch Art. 2 des Gesetzes Nr. 218 vom 4. 4. 1952. Danach besteht ein Recht auf diese Rente, soweit der Versicherte das 60. Lebensjahr (Mann) bzw. das 55. Lebensjahr (Frau) vollendet hat und eine Versicherungs- sowie Beitragszeit von wenigstens 15 Jahren nachweisen kann[99]. Neben effektiv gezahlten Pflichtbeiträgen können zur Erfüllung der Beitragszeit auch fiktive und freiwillige Beiträge dienen. Fiktive Beitragszeiten werden z. B. anerkannt bei Krankheit, Militärdienst oder Arbeitslosigkeit[100]. Die daraus folgenden finanziellen Lasten sind vom Staat zu tragen[101].

Neben der „pensione di vecchiaia" ist als weitere Alterssicherungsleistung die „pensione di anzianità" zu nennen. Diese – heute in Art. 22 des Gesetzes Nr. 153 vom 30. 4. 1969 geregelte[102] – Rentenleistung stellt nicht auf das Erreichen einer bestimmten Altersgrenze ab. Vielmehr wird eine Rente unter den Voraussetzungen gewährt, daß der Versicherte eine Versicherungszeit von 35 Jahren nachweisen kann, darüber hinaus eine Beitragszeit von ebenfalls 35 Jahren erfüllt hat, wobei auch hier fiktive und freiwillige Beiträge berücksichtigt werden, und schließlich ab dem Zeitpunkt der Stellung des Rentenantrages keine weitere Tätigkeit als Arbeitnehmer mehr ausübt[103].

Mit Erfüllung der vorgenannten Voraussetzungen zum Erwerb einer der beiden Rentenleistungen entsteht für den Versicherten die Rechtsposition eines subjektiven öffentlichen Rechts[104].

---

[97] Auf die Invaliditäts- und Hinterbliebenenleistungen wird hier nicht weiter eingegangen, siehe dazu Levi Sandri (Anm. 1), S. 322 ff.

[98] Darüber hinaus ist noch auf die jedem Rentenberechtigten zustehende „pensione sociale" hinzuweisen, die jedoch aus dem „Fondo sociale" finanziert wird, dazu oben unter d.

[99] Levi Sandri (Anm. 1), S. 323; Persiani (Anm. 4), S. 133.

[100] Siehe dazu näher Persiani (Anm. 4), S. 133 f.; zu den sogenannten „contributi figurativi" siehe Art. 8 des Gesetzes Nr. 155 vom 23. 4. 1981; hinzuweisen ist in Zusammenhang mit der Erfüllung der Beitragsvoraussetzungen noch auf den „principio dell' automaticità", siehe dazu oben unter b.

[101] Persiani (Anm. 4), S. 134.

[102] Eingeführt durch Art. 13 des Gesetzes Nr. 903 vom 21. 7. 1965.

[103] Siehe im einzelnen Art. 22 des Gesetzes Nr. 153 vom 30. 4. 1969; zu dieser Rentenleistung auch Persiani (Anm. 4), S. 168 f. mit weiteren Nachweisen.

[104] Persiani (Anm. 4), S. 84; Levi Sandri (Anm. 1), S. 245 / 259; Mazzoni (Anm. 19), S. 989/990; von einem subjektiven öffentlichen Recht wird dann gesprochen, wenn die Verwirklichung einer Rechtsnorm dem Staat obliegt und Regelungsinhalt dieser Norm eine Rechtsposition des Bürgers im Verhältnis zum Staat ist, siehe Bozzi, Interesse e diritto, in: NssDI, Bd. VIII, 1975, S. 844 ff., Nr. 10.

Über die damit nach dem Zeitpunkt der Verwirklichung des Risikos Alter anerkannte subjektive Rechtsposition hinaus wird für die Zeit vor dem Eintritt des Versicherungsfalles von einer selbständigen Rechtsposition des Versicherten in dem Sinne ausgegangen, daß dieser Inhaber eines Anwartschaftsrechts ist[105], dessen Inhalt in dem potentiellen Recht des Arbeitnehmers/Versicherten auf Versicherungsschutz besteht und das mit der Begründung des Versicherungsverhältnisses entsteht[106]. Levi Sandri spricht insoweit von einem subjektiven Recht unter der aufschiebenden Bedingung der Verwirklichung des versicherten Ereignisses[107].

g) Berechnung und Anpassung der Altersrenten

Während die Renten zunächst im wesentlichen auf der Grundlage der eingezahlten Beiträge berechnet wurden und man deshalb von einer beitragsbezogenen Rente (pensione contributiva) sprach[108], erfolgt die Rentenberechnung heute unter Anknüpfung an die von dem einzelnen Rentenempfänger zuvor erhaltene Vergütung und ist damit zu einer einkommensbezogenen Rente (pensione retributiva) geworden[109].

Der jährliche Betrag der Rente wird in der Weise bestimmt, daß auf die von dem Versicherten in den letzten fünf Jahren vor dem Beginn der Rentenlaufzeit erhaltene durchschnittliche Jahresvergütung[110] ein Vomhundertsatz angewandt wird, der sich aus der Multiplikation eines Steigerungssatzes von 2 % pro Versicherungsjahr mit der Anzahl der zu berücksichtigenden Versicherungsjahre, im Höchstfalle 40, ergibt[111]. Die berücksichtigungsfähi-

---

[105] Rossi, Riv. it. prev. soc. 1967, S. 269 ff. (269): „titolare di un diritto aspettativa".

[106] So Rossi, Riv. it. prev. soc. 1967, S. 269 ff. (269) mit weiteren Nachweisen.

[107] Levi Sandri (Anm. 1), S. 245; anderer Ansicht allerdings Persiani, der – auf der Grundlage der Trennung zwischen Beitrags- und Leistungsverhältnis, wobei letzteres erst mit der Verwirklichung des Risikos entsteht – davon ausgeht, daß vor dem Zeitpunkt des Versicherungsfalles nicht von einer Anwartschaft im Sinne einer rechtlich geschützten Position gesprochen werden kann, welche die eventuelle und zukünftige Leistungsgewährung zum Gegenstand hätte, siehe Persiani (Anm. 4), S. 71.

[108] Levi Sandri (Anm. 1), S. 325; die jeweilige Rentenhöhe ergab sich aus einem bestimmten Vomhundertsatz der eingezahlten Beiträge, wurde darüber hinaus jedoch noch zur Anpassung an die Lebenshaltungskosten ergänzt, siehe Levi Sandri, a.a.O., S. 325, Fn. 25.

[109] Eingeführt durch Art. 5, D.P.R. Nr. 488 vom 27. 4. 1968; mit Urteil Nr. 128 vom 16. 7. 1973 hat die Corte Costituzionale entschieden, daß der Übergang zur „pensione retributiva" unter Einführung eines Stichtages verfassungsgemäß ist angesichts eines nur über lange Zeiträume zu verwirklichenden Systems, siehe in Giur. costituz. 1973 II S. 1330 ff.

[110] Sogenannte rentenfähige Vergütung, diese wird genauso bestimmt wie die für die Beitragszahlung zugrundezulegende Vergütung, siehe Persiani (Anm. 4), S. 137 und oben unter d.

[111] Die Rentenformel lautet also 2 % x J x V (J = Versicherungsjahre, V = durchschnittliche Jahresvergütung in den letzten fünf Jahren); gesetzliche Grundlagen dieser Rentenberechnung sind heute Art. 3 VIII des Gesetzes Nr. 297 vom 29. 5. 1982

1. Die Strukturen der gesetzlichen Rentenversicherung

gen Versicherungsjahre bestimmen sich auf der Grundlage der effektiv eingezahlten oder fiktiv anerkannten Beiträge[112].

Damit haben auf die Höhe der zu gewährenden Rente zwei Faktoren wesentlichen Einfluß: zum einen die rentenfähige Vergütung, zum anderen die Dauer des Arbeitslebens des einzelnen Versicherten und damit auch die Dauer der Beitragsleistung.

Neben der sich bereits aus der Rentenformel ergebenden Höchstgrenze, indem nicht mehr als 40 Versicherungsjahre berücksichtigt werden, gibt es eine gesetzlich festgelegte absolute Höchstgrenze, die durch Art. 19 des Gesetzes Nr. 155 vom 23. 4. 1981 auf einen Betrag von jährlich 18.500.000 Lire festgesetzt wurde, der jedes Jahr automatisch angepaßt wird entsprechend der Anpassung der den Mindestrentenbetrag übersteigenden Renten[113].

Auf der anderen Seite ist eine gesetzliche Mindestrente vorgesehen[114], die bei Erfüllung der Voraussetzungen zum Erwerb einer Rente gewährt wird und gemäß Art. 1 des Gesetzes Nr. 160 vom 3. 6. 1975 auf monatlich 55.950 Lire festgesetzt wurde.

Sowohl die Mindestrenten wie auch die sonstigen laufenden Renten unterliegen einem automatischen Anpassungsverfahren, der sogenannten „perequazione automatica"[115], das heute durch Art. 21 des Gesetzes Nr. 730 vom 27. 12. 1983 geregelt wird und wonach gemäß Absatz I dieser Bestimmung die Anpassungen ab dem 1. 5. 1984 zu denselben Terminen und unter Bezugnahme auf dieselben Indexe und Gültigkeitszeiträume erfolgen, wie sie im Rahmen des Systems der „scala mobile" für die Vergütungen der Industriearbeiter vorgesehen sind. Damit ist für die Anpassung der Renten im Grundsatz die prozentuale Veränderung der Lebenshaltungskosten maßgebend, die vierteljährlich von einer beim ISTAT (Istituto centrale di statistica) bestehenden Kommission in einem komplizierten Punktsystem-Verfahren ermittelt wird[116].

(rentenfähige Vergütung), Art. 11 II und III des Gesetzes Nr. 153 vom 30. 4. 1969 (Festlegung des Steigerungssatzes sowie der berücksichtigungsfähigen Versicherungsjahre) und Art. 5 D.P.R. Nr. 488 vom 27. 4. 1968 (Rentenformel). Vor der Anwendung des Vomhundertsatzes auf die rentenfähige Vergütung wird diese noch nach einem bestimmten Verfahren der bis zum Beginn der Rentenzahlung in den letzten fünf Jahren erfolgten Geldentwertung angepaßt, das heißt also aktualisiert, siehe Art. 3 XI des Gesetzes Nr. 297 vom 29. 5. 1982.

[112] „anzianità di contribuzione", siehe Art. 5 I des D.P.R. Nr. 488 vom 27. 4. 1968.
[113] Siehe Art. 3 XIII des Gesetzes Nr. 297 vom 29. 5. 1982; im Gegensatz zu der gesetzlich festgelegten Rentenhöchstgrenze gibt es keine Beitragsbemessungsgrenze; zur Beitragserhebung unter d.
[114] Dazu bereits oben unter d, Anm. 84.
[115] Eingeführt durch Gesetz Nr. 903 vom 21. 7. 1965.
[116] Zu den Einzelheiten des Anpassungsverfahrens siehe die folgenden Absätze des Art. 21, Gesetz Nr. 730 vom 27. 12. 1983; zum geltenden System der „scala mobile" siehe Cinelli, Retribuzione dei dipendenti privati, in: NssDI, Bd. VI, Appendice 1986,

2. Der verfassungsrechtliche Schutz von Rentenansprüchen und -anwartschaften

a) Denkbare verfassungsrechtliche Grundlagen

Im Hinblick auf den verfassungsrechtlichen Schutz von Rentenansprüchen und -anwartschaften im Rahmen der italienischen Verfassung kommen verschiedene Anknüpfungspunkte in Betracht, die als Prüfungsmaßstäbe bzw. Eingriffsschranken für Regelungen von Seiten des Gesetzgebers in diesem Bereich Bedeutung haben können.

Zunächst ist hier auf Art. 38 II Cost. hinzuweisen[117], der im Gesamtzusammenhang des 3. Titels von Teil I (Rechte und Pflichten der Staatsbürger) der italienischen Verfassung geregelt ist, welcher sich mit den „Wirtschaftlichen Beziehungen"[118] befaßt. Gemäß dieser Bestimmung haben alle Arbeitnehmer[119] ein Recht darauf, daß die ihren Lebensbedürfnissen angemessenen Mittel für den Fall von Unglücksfällen, Erkrankungen, Invalidität, Alter und Arbeitslosigkeit bereit- und sichergestellt werden. Bei dieser Regelung handelt es sich nach der Rechtsprechung der Corte Costituzionale um eine verfassungsrechtliche Grundlagennorm insoweit, als sie dem Recht der Arbeitnehmer auf die Bereitstellung eines Systems der sozialen Vorsorge im Hinblick auf bestimmte Risiken einen fundamentalen Wert einräumt[120].

Als weiterer verfassungsrechtlicher Anknüpfungspunkt für den Schutz von Rentenansprüchen und -anwartschaften ist auf das auch in der italienischen Rechtsordnung verankerte Verbot der Rückwirkung von Gesetzen zu verweisen[121].

Während ein solches Verbot positivrechtlichen Ausdruck auf verfassungsrechtlicher Ebene nur für den Bereich der Strafgesetze in Art. 25 II Cost. gefunden hat, enthält Art. 11 der sogenannten „preleggi"[122] eine allgemeine Bestimmung dahingehend, daß dem Gesetz keine retroaktive Wirkung zukommt.

S. 652 ff. (668 f.); zur „perequazione automatica" und ihrer Entwicklung seit dem Zeitpunkt ihrer Einführung siehe Persiani (Anm. 4), S. 142 ff.

[117] Dazu im einzelnen im folgenden unter b.

[118] „rapporti economici".

[119] Inwieweit der Begriff „lavoratori" in Art. 38 II Cost. neben den Arbeitnehmern auch selbständig Arbeitende erfaßt (in diesem Sinne Persiani (Anm. 4), S. 14 und wohl auch Levi Sandri (Anm. 1), S. 116, Fn. 24; dagegen Mazzoni (Anm. 19), S. 882), kann hier dahingestellt bleiben.

[120] In diesem Sinne Corte Costituzionale, Urteil Nr. 80 vom 26. 4. 1971, in: Giur. costituz. 1971 S. 691 ff. (695).

[121] principio del divieto della retroattività delle leggi.

[122] Hierbei handelt es sich um die dem Codice civile vorangestellten „disposizioni sulla legge in generale", die sich mit der Bildung, Auslegung und Anwendung von Rechtsnormen befassen; siehe dazu Pizzorusso, in: Commentario del Codice Civile, Disposizioni sulla legge in generale, Art. 1 – 9, S. 1.

Insoweit ist die Frage aufgeworfen, ob dem Verbot der Rückwirkung über den Strafrechtsbereich hinaus in Verbindung mit der Anerkennung der sogenannten „diritti quesiti"[123] ein verfassungsrechtlicher Stellenwert zukommen kann, der allein für die hier zu untersuchende Fragestellung von Bedeutung ist[124].

Darüber hinaus ist ein verfassungsrechtlicher Schutz von rentenrechtlichen Rechtspositionen unter dem Gesichtspunkt des Eigentums zu erörtern, das in Art. 42 Cost. (ebenfalls im 3. Titel über die „Wirtschaftlichen Beziehungen") eine eingehende Regelung gefunden hat. Danach wird das Eigentum – das öffentlich oder privat sein kann (Art. 42 I Cost.) – gemäß Absatz II dieser Regelung in der Form des Privateigentums gesetzlich anerkannt und gewährleistet, wobei das Gesetz die Art und Weise seines Erwerbs, seines Gebrauchs und seiner Grenzen bestimmt, um die soziale Funktion des Eigentums zu sichern und es allen zugänglich zu machen[125].

Schließlich ist ein verfassungsrechtlicher Ansatzpunkt für den Schutz gegen legislatorische Eingriffe in Rentenpositionen möglicherweise in dem verfassungsrechtlichen Gleichheitsgrundsatz zu sehen, der in Art. 3 Cost. als verfassungsrechtliches Grundprinzip, welches die gesamte italienische Verfassung beeinflußt[126], ausgestaltet ist[127].

Während in Art. 3 I Cost. der sogenannte „formale Gleichheitsgrundsatz" seinen Niederschlag gefunden hat, wonach alle Staatsbürger dieselbe soziale Würde genießen und vor dem Gesetz gleich sind ohne Unterscheidung nach Geschlecht, Rasse usw., macht es Absatz II dieser Verfassungsnorm dem Staat zur Aufgabe, die Hindernisse wirtschaftlicher und gesellschaftlicher Art zu beseitigen, welche die Freiheit und Gleichheit der Bürger tatsächlich begrenzen[128].

b) Verfassungsrechtlicher Schutz auf der Grundlage von Art. 38 II Cost.

(1) Allgemeine Bedeutung von Art. 38 II Cost.

Die Bestimmung des Art. 38 II Cost., bei der es sich – wie schon einleitend erwähnt[129] – um die verfassungsrechtliche Grundlagennorm des italieni-

---

[123] Hierunter werden im allgemeinen Rechtspositionen verstanden, die endgültig im Hinblick auf das Vermögen einer Person oder auf diese selbst erworben sind, siehe Barile, Istituzioni di diritto pubblico, 1982, S. 61.
[124] Dazu im einzelnen unter c.
[125] Dazu im einzelnen unter d.
[126] Bobbio / Pierandrei (Anm. 43), S. 84.
[127] Dazu unter e.
[128] Siehe schon oben unter I 1 c.
[129] Siehe oben unter a.

schen Sozialversicherungssystems der Arbeitnehmer handelt, enthält folgende Regelung:

> „I lavoratori hanno diritto che siano preveduti ed assicurati mezzi adeguati alle loro esigenze di vita in caso di infortunio, malattia, invalidità e vecchiaia, disoccupazione involontaria[130]."

Diese Bestimmung zählt zu den sogenannten „sozialen Rechten" im Rahmen der italienischen Verfassung[131], die als dritte Kategorie von den politischen Rechten („diritti politici") und den Freiheitsrechten („diritti di libertà") unterschieden werden[132].

Mit den „sozialen Rechten" wird das Interesse der Bürger geschützt, bestimmte Leistungen vom Staat (unmittelbar oder mittelbar) zu erhalten, wobei der maßgebende Unterschied zu den anderen verfassungsmäßig garantierten Rechten darin gesehen wird, daß diese im wesentlichen eine Freiheit vom Staat voraussetzen[133]. Den „sozialen Rechten" kommt im allgemeinen nicht der Charakter eines unmittelbar durchsetzbaren Rechts für den Bürger zu[134], vielmehr ist ihre Hauptbedeutung als programmatische Bestimmungen darin zu sehen, daß sie dem Gesetzgeber Direktiven für die zukünftige Gestaltung der entsprechenden Materien an die Hand geben[135]. Insoweit ist der Gesetzgeber zu ihrer Respektierung und Verwirklichung verpflichtet und die seinerseitige Nichtbeachtung der entsprechenden Vorgaben führt zur Verfassungswidrigkeit des jeweiligen Rechtssetzungsaktes[136].

Dies gilt insbesondere auch für die Verfassungsbestimmung des hier in Frage stehenden Art. 38 II Cost., die – ohne selbst eine unmittelbare Regelung der dort genannten Materie zu enthalten – als an den Staat adressierter Gestaltungsauftrag des Inhalts angesehen wird, den Legislativorganen

---

[130] „Jeder Arbeitende hat ein Recht darauf, daß die seinen Lebensbedürfnissen angemessenen Mittel für den Fall von Unglücksfällen, Erkrankungen, Invalidität, Alter und Arbeitslosigkeit bereit- und sichergestellt werden."
[131] Siehe Balboni (Anm. 2), S. 973 ff. (973); Corso, Die sozialen Rechte in der italienischen Verfassung, in: Der Staat, Beiheft 5 (1981), S. 29 ff. (29); ders., in: Riv. trim. pubbl. 1981, S. 755 ff. (755).
[132] Balboni (Anm. 2), S. 973 ff. (973); Mortati, Istituzioni di diritto pubblico, Bd. II, S. 1133, spricht von „diritti civici" und definiert diese als Rechte der einzelnen Bürger auf Leistungen von Seiten des Staates.
[133] Balboni (Anm. 2), S. 973 ff. (973).
[134] Aus der Verfassung selbst ergibt sich insoweit also nicht schon die Rechtsposition eines subjektiv persönlichen Rechts, siehe Bobbio / Pierandrei (Anm. 43), S. 86.
[135] Bobbio / Pierandrei (Anm. 43), S. 86; siehe auch Corso (Anm. 131), S. 29 ff. (36), wonach entsprechend „der traditionellen Konstruktion der sozialen Rechte ... unmittelbarer Adressat der Staat (ist) ...".
[136] Balboni (Anm. 2), S. 973 ff. (973 f.); eine Klassifikation der sozialen Rechte in der italienischen Verfassung unter den Gesichtspunkten der „Rechts-" Inhaber, der Adressaten sowie der Mittel zu ihrer Durchsetzung und ihrem Schutz findet sich bei Corso (Anm. 131), S. 29 ff. (insbes. S. 32 ff.; ders., in: Riv. trim. pubbl. 1981, S. 755 ff. (insbes. S. 758 ff.).

2. Der Schutz von Rentenansprüchen und -anwartschaften

„Anweisungen" im Hinblick auf die Verwirklichung eines Vorsorgesystems für die Arbeitnehmer zu geben[137]. Insoweit ist diese Verfassungsnorm im Rahmen der Rechtsordnung unmittelbar anwendbar und hat insbesondere Bedeutung zum Zwecke der verfassungsmäßigen Überprüfung einfacher Gesetze[138].

(2) Gestaltungsvorgaben für den Gesetzgeber aus Art. 38 II Cost. i.V.m. Art. 36 I Cost.

Kann die Vorschrift des Art. 38 II Cost. demnach als verfassungsrechtlicher Kontrollmaßstab im Hinblick auf Rechtsakte des Gesetzgebers, welche sich mit einem sozialen Vorsorgesystem der Arbeitnehmer im allgemeinen und – im Rahmen der vorliegenden Untersuchung speziell interessant – dem Alterssicherungssystem im besonderen befassen, herangezogen werden, so ist im weiteren zu untersuchen, welche speziellen Vorgaben für den Gesetzgeber aus dieser Verfassungsnorm unter dem Aspekt eines verfassungsrechtlichen Schutzes von Rentenansprüchen und -anwartschaften abgeleitet werden[139].

Insoweit kann auf eine reichhaltige Rechtsprechung der Corte Costituzionale sowie die verfassungsrechtliche Literatur zurückgegriffen werden, auf deren Grundlage sich die nach Art. 38 II Cost. maßgebenden Leitlinien für die Legislativtätigkeit des Gesetzgebers im Hinblick auf Rentenansprüche und -anwartschaften herauskristallisieren lassen[140].

Ausgangspunkt für die aus der Bestimmung des Art. 38 II Cost. abgeleiteten „Vorgaben" für den Gesetzgeber ist die systematische Stellung dieser

---

[137] Cataldi, La giurisprudenza della Corte Costituzionale in materia di previdenza sociale, in: Il lavoro nella giurisprudenza costituzionale (ricerca diretta da Renato Scognamiglio), 1978, S. 471 ff. (477).
[138] Corte Costituzionale, Urteil Nr. 80 vom 26. 4. 1971, in: Giur. costituz. 1971 S. 691 ff. (695).
[139] Im Hinblick auf die Durchführung der Alterssicherung, insbesondere die Organisationsstrukturen sowie die Form der Vorsorge ist dem Staat nach allgemeiner Ansicht volle Entscheidungsfreiheit eingeräumt, insoweit enthält Art. 38 II Cost. keine speziellen Direktiven, siehe Cataldi (Anm. 137), S. 471 ff. (482) unter Hinweis auf die Rechtsprechung der Corte Costituzionale; siehe auch Sorace / Orsi Battaglini / Ruffili, Diritto pubblico, 1981, S. 120, wonach das Ziel von Art. 38 II Cost. im wesentlichen auf zwei Wegen erreicht werden kann, zum einen durch ein Sozialversicherungssystem, zum anderen durch die vollkommene „Fiskalisierung" der sozialen Lasten; dazu auch schon unter 1 d, Anm. 84.
[140] Von besonderer Bedeutung ist in diesem Zusammenhang das Urteil Nr. 349 der Corte Costitutionale vom 17. 12. 1985 (informazione previdenziale 1986, S. 55 ff.), in welchem sich das Gericht mit der verfassungsrechtlichen Zulässigkeit einer Veränderung der gesetzlich geregelten Anpassungsautomatik im Bereich der Alterspflichtversicherung der Betriebsleiter von Industrieunternehmen (INPDAI, siehe schon oben unter I 3, Anm. 63 und unter 1 a) befaßte und, unter verschiedenen verfassungsrechtlichen Gesichtspunkten, grundlegende Ausführungen zur Eingriffsbefugnis des Gesetzgebers machte.

Verfassungsnorm im Rahmen des 3. Titels von Teil I der italienischen Verfassung über die „Wirtschaftlichen Beziehungen", und zwar ihre Einbettung in den Normenkomplex der Art. 35 bis 40 Cost., die schwerpunktmäßig Regelungen über die Arbeit und die Vergütung der Arbeitnehmer enthalten.

So findet sich in Art. 35 I Cost. die grundsätzliche Aussage, wonach die Republik die Arbeit in allen ihren Formen und Anwendungen schützt[141].

Art. 36 I Cost. räumt jedem Arbeitnehmer das Recht auf eine Entlohnung ein, die dem Umfang und der Qualität seiner Arbeit entspricht und die in jedem Falle ausreichen muß, ihm und seiner Familie ein freies und würdiges Dasein zu sichern[142]. Darüber hinaus enthält diese Regelung in weiteren Absätzen Bestimmungen über die Dauer des Arbeitstages sowie das Recht auf Ruhetage und Jahresurlaub.

In Art. 37 Cost. wird die Rechtsstellung der arbeitenden Frau geregelt, desweiteren finden sich Bestimmungen zum Mindestalter für Lohnarbeit sowie bezogen auf den Schutz von arbeitenden Minderjährigen. Schließlich beschäftigen sich die Art. 39 und 40 Cost. mit der Gewerkschaftsfreiheit und der Organisationsstruktur der Gewerkschaften (Art. 39 Cost.) sowie der Anerkennung des Streikrechts (Art. 40 Cost.).

Aus dieser systematischen Einordnung des Art. 38 II Cost. sowie seinem dahingehenden Regelungsinhalt, daß bei dem Eintritt von bestimmten, die Arbeitskapazität und damit die Verdienstfähigkeit des Arbeitnehmers vermindernden Ereignissen den Lebensbedürfnissen angemessene Mittel bereit- und sichergestellt werden müssen, wird gefolgert, daß dem Vorsorgesystem im Hinblick auf die Vergütung der Arbeitnehmer und deren Sicherung ein Ergänzungscharakter zukommt im Sinne einer Ersetzung der aus bestimmten Gründen wegfallenden Arbeitsvergütung[143].

Insbesondere hat die Corte Costituzionale aus dieser engen Verknüpfung zwischen den Bereichen Arbeit bzw. Vergütung einerseits sowie sozialem Vorsorgesystem andererseits im Hinblick auf eine Charakterisierung der Renten im Rahmen der gesetzlichen Alterssicherung die Schlußfolgerung gezogen, daß es sich bei diesen um eine Art der Vergütung in Form der

---

[141] Diese Bestimmung beschränkt sich in ihrer Bedeutung nach der Rechtsprechung der Corte Costituzionale darauf, ein generelles Kriterium festzusetzen, das alle im 3. Titel von Teil I der italienischen Verfassung enthaltenen Vorschriften beeinflußt, siehe das Urteil Nr. 128 vom 16. 7. 1973, in: Giur. costituz. 1973 II S. 1330 ff. (1341).

[142] Zur Bedeutung dieser Regelung siehe noch im folgenden.

[143] Cataldi (Anm. 137), S. 471 ff. (484); siehe auch Astuti, EuGRZ 1981, S. 77 ff. (80), der auf den engen Zusammenhang zwischen dem Recht auf Arbeit (Art. 4 I Cost.) und dem Recht auf Sozialversicherung hinweist; ähnlich Ghezzi, Il lavoro, in: Amato / Barbera (Hrsg.), Manuale di diritto pubblico, 1984, S. 1026 ff. (1057/1058), wonach zum verfassungsrechtlichen Schutz der Arbeit auch das Sozialversicherungssystem als ein Teil des in der Verfassung vorgesehenen Systems der sozialen Sicherheit gehört.

2. Der Schutz von Rentenansprüchen und -anwartschaften

„retribuzione differita" handelt[144], also eine „aufgeschobene Vergütung" in dem Sinne, daß diese als Teil einer Gesamtvergütung für die während des Arbeitslebens geleistete Arbeit anzusehen ist, aus Vorsorgegründen aufgeschoben für die Zeit nach der Beendigung des Arbeitslebens bzw. dem Eintritt in den Ruhestand[145]. Darüber hinaus verweist die Corte Costituzionale zur Begründung für den retributiven Charakter der Rente darauf, daß sich das Recht auf eine Altersversorgung für den Arbeitnehmer als Konsequenz aus einem Arbeitsverhältnis ergibt[146].

Mit der Einordnung der Rente als (aufgeschobener) Teil der während des Arbeitslebens erdienten Vergütung verbindet sich als verfassungsrechtlich bedeutsame Folge die Anwendbarkeit von Art. 36 I Cost. auch auf die durch Art. 38 II Cost. garantierte Altersversorgung[147]. Diese muß – um ein im Sinne von Art. 38 II Cost. den Lebensbedürfnissen des Arbeitnehmers angemessenes Mittel für den Risikofall des Alters zu sein – nach ständiger Rechtsprechung der Corte Costituzionale in Anwendung des Art. 36 I Cost. ebenso wie die Vergütung zur Zeit des Arbeitslebens dem Umfang und der Qualität der geleisteten Arbeit entsprechen und in jedem Falle dem Arbeitnehmer selbst sowie seiner Familie die angemessenen Mittel für ihre Lebensbedürfnisse zum Zwecke einer freien und würdigen Existenz sichern[148].

---

[144] So die ständige Rechtsprechung der Corte Costituzionale, siehe z. B. die Entscheidungen Nr. 124 vom 9. 12. 1968, in: Giur. costituz. 1968 II S. 2161 ff. (2171); Nr. 25 vom 17. 2. 1972, in: Giur. costituz. 1972 I S. 107 ff. (109); Nr. 57 vom 9. 5. 1973, in: Giur. costituz. 1973 I S. 762 ff. (767); Nr. 92 vom 29. 4. 1975, in: Giur. costituz. 1975 I S. 820 ff. (824); Nr. 176 vom 3. 7. 1975, in: Giur. costituz. 1975 II S. 1469 ff. (1472); Nr. 275 vom 29. 12. 1976, in: Giur. costituz. 1976 I S. 1958 ff. (1963). In jüngeren Entscheidungen verwendet die Corte Costituzionale anstelle der Bezeichnung „retribuzione differita" die sinngemäße Formulierung, daß die Altersversorgung substantiell eine zu Vorsorgezwecken erfolgende Verlängerung der Vergütung während des Arbeitslebens darstellt („... il ... trattamento di quiescenza, al pari della retribuzione in costanza di servizio, della quale costituisce sostanzialmente un prolungamento ai fini previdenziali, ...", siehe z. B. die Urteile Nr. 26 vom 13. 3. 1980, in: Riv. it. lav. 1980 II S. 84 ff. (86); Nr. 349 vom 17. 12. 1985, in: informazione previdenziale 1986, S. 55 ff. (59); siehe im übrigen die zahlreichen Nachweise bei Cerri, Dir. società 1983, S. 275 ff. (276, Fn. 1).

[145] Corte Costituzionale, Urteil Nr. 124 vom 9. 12. 1968, in: Giur. costituz. 1968 II S. 2161 ff. (2171).

[146] Corte Costituzionale, Urteil vom 9. 5. 1973, Nr. 57, in: Giur. costituz. 1973 I S. 762 ff. (767). Andererseits betont das Verfassungsgericht aber auch die Vorsorgefunktion der Rente, darauf gerichtet, nach Beendigung des Arbeitslebens den Lebensbedürfnissen der Arbeitnehmer Rechnung tragen zu können. Auf der Grundlage dieser Charakterisierung der Rente hält das Gericht in bestimmtem Umfang gesetzliche Kumulationsverbote (gleichzeitiger Bezug von Rente und Vergütung) wegen der in diesem Fall nur verminderten „Vorsorgenotwendigkeit" für gerechtfertigt, siehe das Urteil Nr. 155 vom 22. 12. 1969, in: Giur. costituz. 1969 II S. 2341 ff. (2350 f.).

[147] Corte Costituzionale, Urteil Nr. 124 vom 9. 12. 1968, in: Giur. costituz. 1968 S. 2161 ff. (2171).

[148] Sogenannte „Proportionalität" und „Angemessenheit" der Rente (proporzionalità ed adeguatezza), siehe die Urteile der Corte Costituzionali Nr. 155 vom 22.12. 1969, in: Giur. costituz. 1969 II S. 2341 ff. (2350 f.); Nr. 26 vom 13. 3. 1980, in: Riv. it. lav. 1980 II S. 84 ff. (86); Nr. 349 vom 17. 12. 1985, in: informazione previdenziale 1986, S. 55 ff. (59).

Diese Grundsätze der Proportionalität und Angemessenheit der Rente als dem Gesetzgeber durch die Verfassungsbestimmungen des Art. 36 I Cost. und des Art. 38 II Cost. vorgegebene Maßstäbe bei der Ausgestaltung und gesetzlichen Regelung des Alterssicherungssystems gelten nicht nur für den Zeitpunkt der erstmaligen Gewährung einer Rente, also bei dem Eintritt in den Ruhestand, sondern auch für die in der Folgezeit zu gewährenden Versorgungsleistungen, so daß damit auch die Anpassung der Renten verfassungsrechtlich gewährleistet ist[149].

(3) Entscheidungsspielraum des Gesetzgebers für Eingriffe in Rentenansprüche und -anwartschaften

Handelt es sich auch bei den Prinzipien der Proportionalität und Angemessenheit um für den Gesetzgeber unabdingbare Kriterien, die er bei der Gestaltung der Altersversorgung zu berücksichtigen hat[150], wobei mit dem Maßstab der Proportionalität gefordert ist, daß sich die während des Arbeitslebens erbrachte quantitative und qualitative Arbeitsleistung in der Rentenhöhe widerspiegeln muß[151], während mit dem Kriterium der Angemessenheit darüber hinaus hinsichtlich der Rentenhöhe insoweit eine Aussage getroffen wird, als diese – unabhängig von der Frage der Proportionalität – in jedem Falle so bemessen sein muß, daß sie die Lebensbedürfnisse des Arbeitnehmers/Rentners und seiner Familie im Sinne einer freien und würdigen Existenz sichert[152], so folgt daraus doch keine Bindung des Gesetzgebers im Sinne einer notwendigen und vollkommenen Übereinstimmung zwischen dem Rentenniveau und der vom Arbeitnehmer bezogenen Vergütung[153].

Vielmehr hat der Gesetzgeber – wenn er auch wegen des retributiven Charakters der Renten gehalten ist, die Altersversorgung in der Zukunft schrittweise dem ökonomischen Niveau des Arbeitslebens anzupassen[154] – nach der

---

[149] Siehe Corte Costituzionale, Urteil Nr. 349 vom 17. 12. 1985, in: informazione previdenziale 1986, S. 55 ff. (59); schon vorher Urteil Nr. 26 vom 13. 3. 1980, in: Riv. it. lav. 1980 II S. 84 ff. (86/87).

[150] Corte Costituzionale, Urteile Nr. 26 vom 13. 3. 1980, in: Riv. it. lav. 1980 II S. 84 ff. (87) und Nr. 275 vom 29. 12. 1976, in: Giur. costituz. 1976 I S. 1958 ff. (1963).

[151] Die Corte Costituzionale spricht von dem „livello economico di attività", siehe Urteil Nr. 92 vom 29. 4. 1975, in: Giur. costituz. 1975 I S. 820 ff. (824).

[152] Parameter für die Bestimmung dessen, was als angemessene Vergütung entsprechend den Anforderungen von Art. 36 I Cost. anzusehen ist, sind faktisch die in den Tarifverträgen festgelegten Mindestvergütungen, so Cinelli (Anm. 116), S. 652 ff. (660); siehe auch Sorace u.a. (Anm. 139), S. 119; demgegenüber sind die Mindestrenten gesetzlich festgelegt, dazu oben unter 1 g.

[153] Corte Costituzionale, Urteil Nr. 26 vom 13. 3. 1980, in: Riv. it. lav. 1980 II S. 84 ff. (87) und Urteil Nr. 349 vom 17. 12. 1985, in: informazione previdenziale 1986, S. 55 ff. (59).

[154] Corte Costituzionale, Urteil vom 29. 4. 1975, in: Giur. costituz. 1975 I S. 820 ff. (824).

2. Der Schutz von Rentenansprüchen und -anwartschaften

ständigen Rechtsprechung der Corte Costituzionale einen Entscheidungsspielraum (discrezionalità), innerhalb dessen er auf der Grundlage eines „vernünftig ausgeübten Ermessens" die Befugnis hat, die Modalitäten und Kriterien der Altersversorgung, und zwar auch in quantitativer Hinsicht, zu bestimmen[155]. Insoweit spricht die Corte Costituzionale in Bezug auf die Festsetzung des Rentenniveaus auch davon, daß es sich hierbei um ein „giudizio di merito" (Zweckmäßigkeitsurteil) handele, das zur Prärogative des Parlaments, sprich des Gesetzgebers, gehöre[156].

Die maßgebenden Kriterien, nach denen der Gesetzgeber sein „Zweckmäßigkeitsurteil" auf der Grundlage des bereits oben erwähnten „vernünftig ausgeübten Ermessens" zu treffen hat, sieht das Gericht – wie in seinem Urteil zum Übergang von der „contributiven" zur „retributiven" Rentenberechnung[157] ausgesprochen – in der vernünftigen Abwägung zwischen den Lebensbedürfnissen der Arbeitnehmer einerseits sowie den effektiven finanziellen Möglichkeiten andererseits[158].

Gerade dieser „Vorbehalt der Finanzierbarkeit" der Altersversorgung[159] gegenüber einer „absoluten" Proportionalität der Rente im Verhältnis zur erbrachten Arbeitsleistung, ausgedrückt am Maßstab der bezogenen Vergütung, findet sich auch in der „Anpassungs-Entscheidung" der Corte Costituzionale vom 17. 12. 1985 wieder, wo das Gericht zunächst ausdrücklich einen Entscheidungsspielraum des Gesetzgebers bekräftigt und sodann zur Rechtfertigung der Verschlechterung der Anpassungsautomatik auf die zum Zeitpunkt der Gesetzesänderung besonderen wirtschaftlichen Umstände und die damit verbundenen Probleme hinweist[160].

---

[155] Corte Costituzionale, Urteil Nr. 57 vom 9. 5. 1973, in: Giur. costituz. 1973 I S. 762 ff. (767), siehe auch die Urteile Nr. 349 vom 17. 12. 1985, in: informazione previdenziale 1986, S. 55 ff. (59), Nr. 26 vom 13. 3. 1980, in: Riv. it. lav. 1980 II S. 84 ff. (87).

[156] Urteil vom 29. 4. 1975, Nr. 92, in: Giur. costituz. 1975 I S. 820 ff. (824).

[157] Nr. 128 vom 16. 7. 1973, in: Giur. costituz. 1973 II S. 1330 ff.; siehe dazu schon oben unter 1 g, Anm. 109.

[158] Urteil Nr. 128 vom 16. 7. 1973, in: Giur. costituz. 1973 II S. 1330 ff. (1341).

[159] Siehe auch Corte Costituzionale, Urteil Nr. 92 vom 29. 4. 1975, in: Giur. costituz. 1975 I S. 820 ff. (824); von Merusi, Quad. reg. 1985, S. 39 ff. (51 ff.), wird dieser Aspekt dahingehend akzentuiert, daß es sich bei den „diritti sociali" um „diritti finanziariamente condizionati" handelt (S. 54), und zwar bedingt durch das – nach seiner Auffassung verfassungsrechtlich geforderte – Prinzip des Gleichgewichts zwischen Kosten und Einnahmen im Bereich der „pubblici servizi".

[160] Urteil Nr. 349 vom 17. 12. 1985, in: informazione previdenziale 1986, S. 55 ff. (59/60); zu ergänzen ist allerdings, daß das Gericht die Änderung der Anpassungsautomatik und die daraus resultierende gravierende Entwertung der Renten nur deshalb noch für verfassungsmäßig erachtete, weil der Gesetzgeber nach relativ kurzer Zeit eine neue, dem Kriterium der Proportionalität entsprechende Anpassungsautomatik einführte (siehe Urteil, a.a.O., S. 60).

II. Der verfassungsrechtliche Schutz in Italien

c) Verfassungsrechtlicher Schutz unter dem Gesichtspunkt des Verbots der Rückwirkung von Gesetzen

(1) Geltungsumfang des Verbots der Rückwirkung von Gesetzen in der italienischen Rechtsordnung

Wie bereits unter a) ausgeführt, findet sich eine positivrechtliche Regelung des Verbots der Rückwirkung von Gesetzen[161] auf verfassungsrechtlicher Ebene nur in Art. 25 II Cost. im Hinblick auf den Bereich der Strafgesetze, wonach jemand nur auf Grund eines solchen Gesetzes bestraft werden kann, das vor der Begehung der Tat in Kraft getreten ist[162]. Demgegenüber enthält Art. 11 I preleggi eine für die gesamte Rechtsordnung geltende Bestimmung einfachgesetzlicher Natur dahingehend, daß dem Gesetz nur für die Zukunft Regelungswirkung zukommt, es hat keine rückwirkende Kraft[163].

Auf der Grundlage dieser positivrechtlichen Berücksichtigung des Verbots der Rückwirkung von Gesetzen vertritt die Corte Costituzionale in ständiger Rechtsprechung die Auffassung, daß es dem Gesetzgeber unter verfassungsrechtlichen Gesichtspunkten mit Ausnahme des durch Art. 25 II Cost. geschützten Bereichs nicht untersagt ist, Gesetze mit rückwirkender Kraft zu erlassen[164]. Für Materien außerhalb des Bereichs der Strafgesetze ist die Berücksichtigung dieses Prinzips – welches das Gericht als eine alte Errungenschaft der italienischen Rechtskultur bezeichnet[165] – allein der „verständigen Wertung" des Gesetzgebers anvertraut[166].

Damit ist allerdings nicht ausgeschlossen, daß Gesetze mit rückwirkender Kraft wegen Verstoßes gegen spezifisches Verfassungsrecht verfassungswidrig sein können[167].

---

[161] Quadri, Acquisiti (Diritti), in: NssDI, Bd. I 1, 1974, S. 237 ff. (238 f.), bezeichnet den Begriff der Rückwirkung in dem Sinne, daß Gesetze eine Wirkung in „die Vergangenheit entfalten könnten", als absurd.

[162] Art. 25 II Cost.: „Nessuno può essere punito se non in forza di una legge che sia entrata in vigore prima del fatto commesso."

[163] Art. 11 preleggi: „La legge non dispone che per l' avvenire: essa non ha effetto retroattivo."

[164] Siehe zuletzt das Urteil Nr. 349 vom 17. 12. 1985, in: informazione previdenziale 1986, S. 55 ff. (59); vorher schon in den Urteilen Nr. 81 vom 30. 12. 1958, in: Giur. costituz. 1958 S. 1000 ff. (1002); Nr. 118 vom 8. 7. 1957, in: Giur. costituz. 1957 S. 1067 ff. (1078/1079); Nr. 68 vom 14. 3. 1984, in: Giur. costituz. 1984 I S. 422 ff. (424); siehe auch Cian / Trabucchi, Commentario breve al Codice civile, Art. 11 preleggi, die darauf hinweisen, daß der Gesetzgeber die „Direktive" des Art. 11 preleggi jederzeit derogieren kann.

[165] Siehe Urteil Nr. 118 vom 8. 7. 1957, in: Giur. costituz. 1957 S. 1067 ff. (1078).

[166] „prudente valutazione del legislatore", siehe die Urteile Nr. 68 vom 14. 3. 1984, in: Giur. costituz. 1984 I S. 422 ff. (424) und Nr. 118 vom 8. 7. 1957, in: Giur. costituz. 1957 S. 1067 ff. (1079). Ritterspach spricht insoweit von einem „großzügigen Standpunkt" gegenüber dem Gesetzgeber, siehe die Anmerkung zum Urteil der Corte Costituzionale Nr. 68 vom 14. 3. 1984, in: EuGRZ 1985, S. 36.

2. Der Schutz von Rentenansprüchen und -anwartschaften

*(2) Verbot der Rückwirkung von Gesetzen
i.V.m. den sogenannten „diritti quesiti"*

Abgesehen von der Möglichkeit des Verstoßes rückwirkender Gesetze gegen besondere verfassungsrechtliche Vorschriften/Prinzipien wird darüber hinaus – zumindest teilweise – eine Begrenzung der Zulässigkeit rückwirkender Gesetze in Zusammenhang mit den sogenannten „diritti quesiti" befürwortet[168]. Hierunter werden Rechtsstellungen – bezogen auf Rechte oder Rechtsverhältnisse – verstanden, die jemand unter der Geltung eines früheren Gesetzes im Hinblick auf die Person oder das Vermögen erworben hat[169].

Auch die Corte Costituzionale hat sich diese Auffassung in ihrer jüngsten Rechtsprechung zu eigen gemacht und – unter grundsätzlicher Bekräftigung der Ansicht, daß der Gesetzgeber rückwirkende Gesetze erlassen kann, und zwar auch dann, wenn diese nachteilig in Dauerrechtsverhältnisse eingreifen, deren Gegenstand subjektive Rechte bilden – eine Begrenzung dahingehend formuliert, daß entsprechende rückwirkende Bestimmungen nicht in unvernünftiger und willkürlicher Weise auf substantielle Positionen einwirken können, die unter der Geltung früheren Rechts entstanden sind[170]. Insbesondere beruft sich das Gericht zur Begründung dieser Einschränkung darauf, daß im gegenteiligen Fall das Vertrauen des Bürgers in die Rechtssicherheit, welche ein fundamentales und unverzichtbares Element des Rechtsstaates darstelle, enttäuscht würde[171].

---

[167] Urteile Nr. 118 vom 8. 7. 1957, in: Giur. costituz. 1957 S. 1067 ff. (1079) und Nr. 81 vom 30. 12. 1958, in: Giur. costituz. 1958 S. 1000 ff. (1002); insoweit hat die Frage der Verfassungsmäßigkeit von Steuergesetzen in Zusammenhang mit Art. 53 Cost. besondere Bedeutung erlangt, siehe Barile (Anm. 123), S. 537 mit Rechtsprechungsnachweisen sowie La Valle, Successione di leggi, in: NssDI, Bd. XVIII, 1971, S. 634 ff. (639); zurecht weist La Valle, a.a.O., darauf hin, daß die Verfassungswidrigkeit hier nicht unmittelbar in der Rückwirkung begründet ist, sondern in dem Verstoß gegen die spezifische Verfassungsvorschrift (S. 639).

[168] Siehe Barile (Anm. 123), S. 61; Cian / Trabucchi, Commentario breve al Codice civile, Art. 11 preleggi, S. 11, wonach das Verbot der Rückwirkung traditionell im Hinblick auf die „diritti quesiti" anerkannt wird.

[169] So die Definition bei Barile (Anm. 123), S. 61, der aber nur „endgültig erworbene" Rechtsstellungen einbezieht. Weiter ist die bei Cian / Trabucchi, Commentario breve al Codice civile, Art. 11 preleggi, zu findende Definition, wonach hierzu die Rechte zu zählen sind, die schon einen Teil des Vermögens einer Person darstellen. Kritisch zum Begriff der „diritti quesiti" Quadri (Anm. 161), S. 237 ff. (238).

[170] So das Gericht in seiner Anpassungs-Entscheidung Nr. 349 vom 17. 12. 1985, in: informazione previdenziale 1986, S. 55 ff. (59).

[171] Corte Costituzionale, Urteil Nr. 349 vom 17. 12. 1985, in: informazione previdenziale 1986, S. 55 ff. (59); mit der Frage eines verfassungsrechtlich begründeten Vertrauensschutzes des Bürgers gegenüber dem Gesetzgeber im Rahmen der italienischen Verfassung hat sich ausführlich Merusi unter Bezugnahme auf die Bedeutung des Vertrauensschutzes im deutschen Verfassungsrecht in bejahendem Sinne auseinandergesetzt, siehe Merusi, L'affidamento del cittadino, 1970, S. 27 ff. (speziell S. 45 ff.).

Im Hinblick auf legislative Eingriffe in den Bereich der öffentlich-rechtlich organisierten Alterssicherung hat das Gericht seine Ausführungen sodann dahingehend konkretisiert, daß die grundsätzliche Zulässigkeit von Eingriffen dem Gesetzgeber dennoch keine absolute Entscheidungsfreiheit gibt[172].

Insbesondere ist danach eine gesetzliche Änderung unzulässig, die – in einer fortgeschrittenen Phase des Arbeitsverhältnisses (sprich Versicherungsverhältnisses) oder wenn sogar schon der Ruhestand eingetreten ist – ohne unabdingbare Notwendigkeit eine in der Vergangenheit erworbene Altersversorgung in beachtlichem Maße und auf endgültige Weise verschlechtern würde, mit der daraus resultierenden und nicht wieder gut zu machenden Entwertung der vom Arbeitnehmer für die Zeit nach der Beendigung des Arbeitslebens rechtmäßig erworbenen Anwartschaften[173].

Für die Frage, wann von einer unabdingbaren Notwendigkeit und damit der Befugnis des Gesetzgebers zu einem nicht unvernünftigen und willkürlichen Eingreifen ausgegangen werden kann, läßt sich aus der „Anpassungs-Entscheidung" der Corte Costituzionale insoweit ein Maßstab entnehmen, als jedenfalls Eingriffe für zulässig erachtet werden müssen, die auf Grund einer wirtschaftlich-sozialen Notwendigkeit vorgenommen werden, um in einem Zeitpunkt schwerer wirtschaftlicher Krisen beträchtliche Ungleichheiten zwischen verschiedenen Gruppen von Rentnern zu vermeiden[174].

d) Verfassungsrechtlicher Schutz
auf der Grundlage von Art. 42 Cost. (Eigentum)

Die italienische Verfassung hat im 3. Titel von Teil I über die „Wirtschaftlichen Beziehungen" mit Art. 42 Cost. auch eine Bestimmung hinsichtlich des Eigentumsschutzes getroffen, die in ihren beiden ersten – hier relevanten – Absätzen folgenden Inhalt hat:

> „La proprietà è pubblica o privata. I beni economici appartengono allo Stato, ad enti o a privati.
>
> La proprietà privata è reconosciuta e garantita dalla legge, che determina i modi di acquisto, di godimento e i limiti allo scopo di assicurarne la funzione sociale e di renderla accessibile a tutti[175]."

---

[172] Corte Costituzionale, Urteil Nr. 349 vom 17. 12. 1985, in: informazione previdenziale 1986, S. 55 ff. (59).

[173] Corte Costituzionale, Urteil Nr. 349 vom 17. 12. 1985, in: informazione previdenziale 1986, S. 55 ff. (59).

[174] Corte Costituzionale, Urteil Nr. 349 vom 17. 12. 1985, in: informazione previdenziale 1986, S. 55 ff. (59).

[175] „Das Eigentum ist öffentlich oder privat.
Die Wirtschaftsgüter gehören dem Staat, Körperschaften oder Privatpersonen.
Das Privateigentum wird gesetzlich anerkannt und gewährleistet; das Gesetz bestimmt die Art und Weise seines Erwerbs, seines Gebrauches und seiner Grenzen, um seine soziale Funktion zu sichern und es allen zugänglich zu machen."

2. Der Schutz von Rentenansprüchen und -anwartschaften

Nach überwiegender Auffassung rechnet das Eigentum, bei dem es sich auch um ein Grundrecht handelt[176], nicht zu den „unverletzlichen Rechten" im Sinne von Art. 2 Cost.[177], zu denen nach der Rechtsprechung der Corte Costituzionale nur die Rechte zählen, die als solche besonders in der Verfassung genannt sind[178] und sich dadurch auszeichnen, daß sie eng mit der menschlichen Person verbunden sind[179].

In der heutigen italienischen Verfassung kommt dem Eigentum nicht mehr der Stellenwert zu, den es vor ihrem Inkrafttreten als Freiheitsrecht eingenommen hat[180]. Begründet wird dies vor allem mit dem Regelungsinhalt von Art. 42 II Cost., wonach zwar einerseits das Privateigentum durch Gesetz anerkannt und garantiert werden muß, andererseits aber eben bei der gesetzlichen Ausgestaltung auch die soziale Funktion des Privateigentums gesichert werden muß sowie die Möglichkeit, dieses allen zugänglich zu machen[181].

Zwar hat die Corte Costituzionale die hierauf begründete Auffassung, das Privateigentum sei in eine „öffentliche Funktion" transformiert worden[182], abgelehnt und betont, daß das Privateigentum von der Verfassung weiterhin als ein subjektives Recht betrachtet wird. Jedoch sei dem Gesetzgeber die Aufgabe anvertraut worden, auf der Grundlage von geeigneten Bewertungen sowie dem Ausgleich der verschiedenen Interessen die Grenzen abzustecken, welche die soziale Funktion des Eigentums sichern[183].

---

[176] Astuti, EuGRZ 1981, S. 77 ff. (82).
[177] Corte Costituzionale, Urteile Nr. 16 vom 28. 3. 1968, in: Giur. costituz. 1968 I S. 369 ff. (381) und Nr. 56 vom 12. 3. 1975, in: Giur. costituz. 1975 I S. 704 ff. (710); De Cupis, Istituzioni di diritto privato, 1980, S. 205; Bobbio / Pierandrei (Anm. 43), S. 66. Anderer Ansicht Cereti, Diritto costituzionale italiano, 1971, S. 226, der sich auf die Identität des Wortlautes von Art. 2 Cost. und Art. 42 II Cost. beruft, wonach jeweils die entsprechenden Rechte „anerkannt und garantiert" werden. Demgegenüber verweisen Bobbio / Pierandrei (Anm. 43), S. 66, darauf, daß gerade in Art. 42 Cost. im Gegensatz zu Art. 2 Cost. der Begriff „unverletzlich" nicht gebraucht wird. Zur Bedeutung des Terminus „unverletzliche Rechte" siehe Astuti, EuGRZ 1981, S. 77 ff. (83).
[178] Corte Costituzionale, Urteile Nr. 29 vom 27. 3. 1962, in: Giur. costituz. 1962 S. 225 ff. (235) und Nr. 57 vom 25. 3. 1976, in: Giur. costituz. 1976 I S. 396 ff. (401).
[179] Siehe Astuti, EuGRZ 1981, S. 77 ff. (78) mit Nachweisen aus der Rechtsprechung der Corte Costituzionale.
[180] So z. B. Pizzorusso, Lezioni di diritto costituzionale, 1981, S. 171, danach stellt das Eigentum in der heutigen Gesellschaft keinen fundamentalen Schwerpunkt mehr dar im Gegensatz zur Epoche des Statuto Albertino.
[181] Bobbio / Pierandrei (Anm. 43), S. 66 / 90 f.
[182] Mortati (Anm. 132), spricht z. B. von dem durch die Erfüllung einer sozialen Funktion bedingten Schutz des Eigentums und benutzt insoweit die Formulierung „Funktionalisierung des Eigentums" (S. 1114).
[183] Corte Costituzionale, Urteil Nr. 252 vom 28.7.1983, in: Giur. costituz. 1983 I S. 1516 ff. (1528); in der Frage dieser Abgrenzung und damit der Bestimmung der sozialen Funktion wird heute das eigentliche Problem in Verbindung mit dem Eigentumsbegriff gesehen, siehe Costantino, Il diritto di proprietà, in: Trattato di diritto privato (diretto da Pietro Rescigno), Bd. 7 (I), S. 207 ff. (209).

Gegenstand des im Sinne von Art. 42 II Cost. geschützten Eigentumsrechts sind die sogenannten „beni" (Güter), insoweit werden jedoch unterschiedliche Auffassungen vertreten, was im einzelnen unter dem Begriff der „beni" zu verstehen ist.

So wird zum Teil davon ausgegangen, daß dem Eigentumsbegriff allein körperliche Gegenstände, beweglich oder unbeweglich, unterfallen[184]. Andererseits wird aber auch die Ansicht vertreten, daß der verfassungsrechtliche Begriff des Eigentums jedes Gut, egal welcher Natur, zum Gegenstand haben kann[185].

Inwieweit dazu auch Rechtspositionen im Sinne der vorliegend in Frage stehenden Rentenansprüche und -anwartschaften gerechnet werden können[186], kann hier letzten Endes dahingestellt bleiben. Diesbezüglich hat nämlich die Corte Costituzionale in ihrem Urteil Nr. 349 vom 17. 12. 1985 zur Veränderung der gesetzlich festgelegten Anpassungsautomatik den Begriff des (von Art. 42 II Cost. geschützten) „bene" und den des „trattamento pensionistico" (Altersversorgung) gegenübergestellt und ausgeführt, daß die nachteilige Änderung der Altersversorgung nichts mit der Wegnahme eines Gutes zu tun hat[187]. Dem Rechtsinstitut des Eigentums kommt nach Ansicht des Gerichts im Hinblick auf die im Rahmen der Altersversorgung bestehenden subjektiven Positionen keine Bedeutung zu. Vielmehr finden diese Rechtsstellungen, die nach Auffassung des Gerichts höchsten Schutz verdienen, die Grundlage ihres verfassungsrechtlichen Schutzes in den Bestimmungen der Art. 36 und 38 Cost.[188].

Damit ist die Eigentumsgewährleistung nach der Rechtsprechung des Verfassungsgerichts für den Schutz von Rentenansprüchen und -anwartschaften ohne Relevanz.

---

[184] De Ruggiero / Maroi, Istituzioni di diritto civile, 1972, Bd. 1, S. 577; Rodotà, Proprietà (Diritto vigente), in: NssDI, Bd. XIV, 1967, S. 125 ff. (145), weist darauf hin, daß eine darüber hinausgehende Ausdehnung des Eigentumsbegriffs gewöhnlich für ungeeignet gehalten wird. Diese Auffassung stimmt überein mit der in Art. 810 c. civ. enthaltenen „restriktiven Definition" (so Branca, Istituzioni di diritto privato, 1975, S. 203 und Greco, Beni immateriali, in: NssDI, Bd. II, 1974, S. 356 ff. (357)), danach sind „beni" ... „le cose che possono formare oggetto di diritti".

[185] Cereti (Anm. 177), S. 226, der dies später dahingehend konkretisiert, daß alle materiellen sowie immateriellen Güter verfassungsrechtlich geschützt sind (S. 230).

[186] Einen sehr weiten Begriff der „beni" vertreten Cian / Trabucchi, Commentario breve al Codice civile, Art. 810, die hierunter neben materiellen und immateriellen Gütern auch „diritti" (Rechte) verstehen, ohne diesen Begriff allerdings weiter zu spezifizieren.

[187] Corte Costituzionale, Urteil Nr. 349 vom 17. 12. 1985, in: informazione previdenziale 1986, S. 55 ff. (60); das Gericht prüfte hier die Frage des Eigentums unter dem Gesichtspunkt, inwieweit die Nichtanpassung von Renten eine Enteignung darstellen könnte (diese Auffassung hatte sich einer der vorlegenden Richter zu eigen gemacht).

[188] Corte Costituzionale, Urteil Nr. 349 vom 17. 12. 1985, in: informazione previdenziale 1986, S. 55 ff. (61).

2. Der Schutz von Rentenansprüchen und -anwartschaften

e) Verfassungsrechtlicher Schutz auf der Grundlage von Art. 3 I Cost. (Gleichheitsgrundsatz)

Abschließend ist noch darauf einzugehen, inwieweit sich auch aus dem in Art. 3 I Cost. geregelten „formalen Gleichheitsgrundsatz"[189] ein verfassungsrechtlicher Schutz von Rentenansprüchen und -anwartschaften ergeben kann.

Nach dieser Bestimmung genießen alle Staatsbürger dieselbe soziale Achtung und sind vor dem Gesetz gleich, ohne Unterscheidung nach dem Geschlecht, der Rasse, der Sprache, der Religion, der politischen Ansichten sowie der persönlichen und sozialen Verhältnisse[190].

Die daraus folgende Verpflichtung des Gesetzgebers zur Gleichbehandlung der Bürger schließt nicht aus, daß dieser verschiedene Situationen unterschiedlich regeln kann[191]. Vielmehr würde ein Gesetz, das objektiv unterschiedliche Situationen gleich behandelt, den Gleichheitsgrundsatz verletzen[192].

Umgekehrt setzt die Berufung auf Art. 3 I Cost. wegen einer Verletzung des Gleichheitsprinzips voraus, daß die miteinander verglichenen Situationen identisch oder wenigstens gleichartig sind[193]. Die Wertung, inwieweit mehrere Situationen oder Tatbestände als gleichartig oder verschieden anzusehen sind, ist der Entscheidungsgewalt des Gesetzgebers überlassen, die getroffenen Entscheidungen unterliegen jedoch der verfassungsrechtlichen Überprüfung[194]. Maßstab hierfür ist nach der Rechtsprechung der Corte Costituzionale die „razionalità" (Vernünftigkeit) der Bewertungen des Gesetzgebers, woran es fehlt, wenn sich die getroffenen Entscheidungen nicht in irgendeiner Form logisch begründen lassen[195].

Von diesen Grundsätzen ausgehend überprüft das Verfassungsgericht auch die Verfassungsmäßigkeit von Gesetzen, deren Regelungsinhalt in

---

[189] Dazu schon oben unter a.

[190] Zu der Frage, inwieweit der Gleichheitssatz eine subjektive Rechtsposition einräumt, siehe Astuti, EuGRZ 1981, S. 77 ff. (79).

[191] Corte Costituzionale, Urteil Nr. 53 vom 14. 7. 1958, in: Giur. costituz. 1958 S. 603 ff. (610).

[192] Corte Costituzionale, siehe Anm. 191.

[193] Corte Costituzionale, Urteil Nr. 349 vom 17. 12. 1985, in: informazione previdenziale 1986, S. 55 ff. (60).

[194] Corte Costituzionale, Urteil Nr. 53 vom 14. 7. 1958, in: Giur. costituz. 1958 S. 603 ff. (610); das italienische Verfassungsrecht kennt nicht die Möglichkeit der Verfassungsbeschwerde.

[195] So die Corte Costituzionale, Urteil Nr. 218 vom 9. 7. 1974, in: Giur. costituz. 1974 II S. 1753 ff. (1756) zur Entscheidungsfreiheit des Gesetzgebers im Hinblick auf die Bestimmung von Straftatbeständen und Strafmaß. Allerdings fällt dem Verfassungsgericht nicht die Aufgabe zu, über die „politische Qualität" der gesetzgeberischen Entscheidungen zu urteilen oder über „deren vollkommene Richtigkeit", siehe Paladin, Giur. costituz. 1984 I S. 219 ff. (222).

irgendeiner Form Rentenansprüche und -anwartschaften betrifft. So war der Gleichheitsgrundsatz zum Beispiel wesentlicher Maßstab für die Frage der Zulässigkeit der „Zwangsabgabe" zugunsten des „Fondo sociale", der Rentenansprüche, die über einen bestimmten Höchstbetrag hinausgingen, zunächst bei Einführung der durch diesen Fond finanzierten „pensione sociale" unterworfen wurden[196]. Auch in der bereits mehrfach erwähnten Entscheidung des Verfassungsgerichts zur Veränderung der gesetzlichen Anpassungsautomatik ist Art. 3 I Cost. zur Überprüfung der Verfassungsmäßigkeit des entsprechenden Gesetzes herangezogen worden[197].

Läßt sich somit auch sagen – ohne die Reihe der vielfachen Anwendungsbeispiele hier fortsetzen zu müssen –, daß dem Gleichheitsgrundsatz als Überprüfungsmaßstab eine wesentliche Bedeutung zukommt, so muß jedoch festgestellt werden, daß im Gegensatz zu dem sich aus Art. 38 II i.V.m. Art. 36 I Cost.[198] sowie aus dem Grundsatz des Verbots der Rückwirkung von Gesetzen[199] ergebenden Schutz für Rentenansprüche und -anwartschaften der Schutz aus Art. 3 I Cost. immer nur ein „relativer" sein kann. Und zwar in dem Sinne, als der Gesetzgeber bei Erlaß eines die Altersversorgung regelnden Gesetzes gehalten ist, Differenzierungen zwischen verschiedenen Personen/Personengruppen bzw. Gleichbehandlungen logisch begründen zu können. Nicht aber wird durch den Gleichheitsgrundsatz ein eigentlicher Schutz insoweit gewährleistet, daß die gesetzgeberische Maßnahme als solche, nämlich als in Rentenansprüche und -anwartschaften eingreifender Akt, der verfassungsmäßigen Überprüfung unterzogen wird.

---

[196] Corte Costituzionale, Urteil Nr. 146 vom 27. 7. 1972, in: Giur. costituz. 1972 I S. 1493 ff. (1498 ff.); der Fondo sociale wird heute vollkommen vom Staat finanziert, siehe oben unter 1 d, insbes. Anm. 82.
[197] Corte Costituzionale, Urteil Nr. 349 vom 17. 12. 1985, in: informazione previdenziale 1986, S. 55 ff. (60).
[198] Dazu oben unter b.
[199] Dazu oben unter c.

III. Der verfassungsrechtliche Schutz von Rentenansprüchen und -anwartschaften in der Bundesrepublik Deutschland

1. Die wesentlichen Strukturen der gesetzlichen Rentenversicherungen für Arbeiter und Angestellte

a) Träger der gesetzlichen Rentenversicherungen

Träger der gesetzlichen Rentenversicherungen für die Arbeiter und Angestellten sind für die Arbeiter die Landesversicherungsanstalten (LVA) sowie für die Angestellten die Bundesversicherungsanstalt für Angestellte (BfA)[1].

Während die BfA ein vom Bund für die Rentenversicherung der Angestellten eingerichteter Verwaltungsträger ist, handelt es sich bei den Landesversicherungsanstalten um auf Landesebene errichtete Verwaltungseinheiten[2].

Gemäß der Bestimmung des § 29 I SGB IV sind die Träger der Sozialversicherung rechtsfähige Körperschaften des öffentlichen Rechts[3] mit Selbstverwaltung. Damit wird zum Ausdruck gebracht, daß es sich bei diesen Verwaltungsträgern um vom Staat unabhängige, rechtlich selbständige Verwaltungseinheiten handelt, die mit dem Recht der Selbstverwaltung ausgestattet sind; das heißt, sie nehmen als dezentralisierte Verwaltung eigene Angelegenheiten im eigenen Namen und auf eigene Kosten wahr (Selbstver-

---

[1] Siehe § 23 II SGB I, daneben gibt es noch für bestimmte Gruppen von Arbeitnehmern die Seekasse, die Bundesbahn-Versicherungsanstalt sowie die Bundesknappschaft, siehe dazu näher Burdenski, in: Burdenski / v. Maydell / Schellhorn, Sozialgesetzbuch – Allgemeiner Teil, Kommentar, § 23, Rdn. 95 ff. Neben der Durchführung der Alterssicherung für die Arbeitnehmer gehört zu den Aufgaben dieser Versicherungsträger vor allem noch die Invaliditäts- und Hinterbliebenenversicherung, siehe § 1 AVG / § 1226 RVO. Wird damit auch die Alterssicherung für die Arbeiter und Angestellten von verschiedenen Verwaltungsträgern durchgeführt, so sind die gesetzlichen Grundlagen der Alterssicherung doch nahezu identisch – für die Rentenversicherung der Arbeiter geregelt im 4. Buch der Reichsversicherungsordnung (RVO, vom 19. 7. 1911, RGBl 1911, S. 509), für die Rentenversicherung der Angestellten im Angestelltenversicherungsgesetz (AVG, vom 20. 12. 1911, RGBl 1911, S. 989) sowie für beide gemeinsam im Sozialgesetzbuch (SGB), Bücher I, IV und X (SGB I, Allgemeiner Teil, vom 11. 12. 1975, BGBl 1975 I S. 3015; SGB IV, Gemeinsame Vorschriften für die Sozialversicherung, vom 23. 12. 1976, BGBl 1976 I S. 3845; SGB X, Verwaltungsverfahren, vom 18. 8. 1980, BGBl 1980 I S. 1469, bzw. vom 4. 11. 1982, BGBl I 1982 S. 1450), weswegen im folgenden bei Gesetzesverweisungen nur auf das AVG bzw. SGB Bezug genommen wird.

[2] Heute gibt es 18 Landesversicherungsanstalten, siehe Bley, Sozialrecht, 1982, S. 171.

[3] Zum Begriff der öffentlich-rechtlichen Körperschaft siehe Rudolf, in: Erichsen / Martens, Allgemeines Verwaltungsrecht, 1983, § 56 II 2 a.

waltung im Rechtssinne) unter Mitwirkung der Betroffenen (insoweit wird von einer Selbstverwaltung im politischen Sinne gesprochen)[4].

Maßgebende Rechtsgrundlagen für die Verwaltungsorganisation der Rentenversicherungsträger sind die §§ 29 ff. SGB IV sowie die von den Trägern selbst erlassenen Satzungen[5]. In den Bestimmungen der §§ 29 ff. SGB IV finden sich im wesentlichen Regelungen über die Rechtsstellung der Versicherungsträger, deren Organe und ihre Aufgaben sowie die Zusammensetzung und Wahl der Organe.

Hervorzuheben ist insoweit, daß die Selbstverwaltung im Bereich der Sozialversicherungsträger grundsätzlich durch die Versicherten und die Arbeitgeber ausgeübt wird[6]. Der hierin zum Ausdruck kommende Grundsatz der „Parität"[7] zwischen den Sozialpartnern ist vor allem in Zusammenhang mit der Beitragsparität zu sehen, das heißt, die Rechtfertigung für die Beteiligung beider Sozialpartner an der Selbstverwaltung wird aus der geteilten Mittelaufbringung[8] abgeleitet[9].

Die Rentenversicherungsträger unterliegen der staatlichen Aufsicht, die sich auf eine Rechtskontrolle beschränkt, also die Beachtung von Gesetz und sonstigem Recht, nicht aber eine Fachaufsicht im Sinne einer Zweckmäßigkeitskontrolle umfaßt[10].

b) Pflichtversicherungssystem

Von der Pflichtaltersversicherung in der gesetzlichen Rentenversicherung werden heute alle Arbeitnehmer, sowohl Arbeiter als auch Angestellte, erfaßt[11]. Maßgebend ist insoweit die Vorschrift des § 2 I Nr. 1 AVG, wonach

---

[4] Siehe dazu Krause, in: Krause / v. Maydell / Merten / Meydam, Gemeinschaftskommentar zum Sozialgesetzbuch – Gemeinsame Vorschriften für die Sozialversicherung (GK-SGB IV), § 29, Rdn. 27 f.; zur Selbstverwaltung in der Sozialversicherung siehe auch Schnapp, Die Selbstverwaltung in der Sozialversicherung, in: Festgabe zum 70. Geburtstag von Georg Christoph von Unruh, 1983, S. 881 ff.
[5] Siehe § 34 SGB IV.
[6] Siehe § 29 II SGB IV.
[7] Bogs, H., Die Sozialversicherung im Staat der Gegenwart, 1973, S. 81.
[8] Dazu noch unter d.
[9] Bogs (Anm. 7), S. 88/89. Die paritätische Beteiligung allein von Arbeitnehmern und Arbeitgebern im Rahmen der Selbstverwaltung ist heute deshalb problematisch, weil sich die Sozialversicherung von einer anfangs nahezu ausschließlichen Arbeitnehmerversicherung zu einer „Volksversicherung" entwickelt hat. So sind heute auch Rentner, Hausfrauen, Schüler, Studenten und Selbständige pflicht- oder freiwillig versichert, ohne daß diese an der Selbstverwaltung teilnehmen, siehe dazu Krause, in: GK-SGB IV, § 29, Rdn. 45 mit weiteren Nachweisen.
[10] Siehe die §§ 87 ff. SGB IV.
[11] Neben der Pflichtalterssicherung, die über die Arbeitnehmer hinaus auch bestimmte Selbständige erfaßt (siehe Katalog des § 2 AVG / § 1227 RVO), kennt die gesetzliche Rentenversicherung auch die Möglichkeit der freiwilligen Versicherung

1. Die Strukturen der gesetzlichen Rentenversicherungen

in der Rentenversicherung der Angestellten alle Personen versichert werden, die als Angestellte gegen Entgelt beschäftigt sind[12].

Zum Zeitpunkt der Einführung der Invaliditäts- und Altersversicherung durch Gesetz vom 22. 6. 1889[13] als letztes Gesetz der in der „Kaiserlichen Botschaft" vom 17. 11. 1881 vorgezeichneten sozialpolitischen Gesetzgebung[14] wurden zunächst nur alle Arbeiter sowie solche Angestellten einbezogen, deren regelmäßiger Jahresarbeitsverdienst 2000 RM nicht überstieg[15]. Erst im Jahre 1911 wurde dann mit Einführung des Versicherungsgesetzes für Angestellte[16] die Versicherungspflicht auf weitere Angestellte ausgedehnt, indem ab dem 1. 1. 1913 alle Angestellten mit einem Jahresverdienst bis zu 5000 RM versicherungspflichtig wurden[17]. Die damit zunächst beibehaltene Pflichtversicherungsgrenze für Angestellte wurde zum 1.1. 1968 abgeschafft, seit diesem Zeitpunkt sind alle Angestellten ohne Rücksicht auf die Höhe ihres Jahresarbeitsverdienstes in der gesetzlichen Rentenversicherung pflichtversichert[18].

Wie bereits einleitend ausgeführt, sind alle Arbeitnehmer versicherungspflichtig, die gegen Entgelt beschäftigt sind[19]. Das heißt, durch die Ausübung einer Beschäftigung, die in § 7 I SGB IV als „nichtselbständige Arbeit, insbesondere in einem Arbeitsverhältnis" legaldefiniert ist, wird der Tatbestand begründet, welcher die Versicherungspflicht auslöst. Diese entsteht kraft Gesetzes[20]. Trotz der gesetzlichen Entstehung der Versicherungspflicht ist der jeweilige Arbeitnehmer in der gesetzlichen Rentenversicherung jedoch erst dann Versicherter im Sinne eines Beteiligten am Sozialver-

---

(siehe § 10 AVG / § 1233 RVO), die seit der sogenannten Öffnung der gesetzlichen Rentenversicherung durch das Rentenreformgesetz vom 16. 10. 1972 (BGBl 1972 I S. 1965) nahezu jedermann offensteht.

[12] Für Arbeiter siehe § 1227 I Nr. 1 RVO. Von der Versicherungspflicht bestehen Ausnahmen für bestimmte Personen, bei denen der Gesetzgeber von einer anderweitigen gleichwertigen Altersversorgung ausgeht. Die Versicherungsfreiheit kann von vornherein kraft Gesetzes bestehen (siehe § 6 AVG), oder aber erst auf Antrag eintreten (z. B. § 7 II AVG für Angestellte, die Angehörige freier Berufe sind und als solche Pflichtmitglieder einer öffentlich-rechtlichen Versicherungs- und Versorgungseinrichtung, siehe dazu Boecken, Die Pflichtaltersversorgung der verkammerten freien Berufe und der Bundesgesetzgeber, 1986, insbes. S. 186 ff.).

[13] RGBl 1889 S. 97.

[14] Siehe dazu Wannagat, Lehrbuch des Sozialversicherungsrechts, Bd. I, 1965, S. 62 ff.

[15] Wannagat (Anm. 14), S. 68.

[16] RGBl 1911 S. 989.

[17] Wannagat (Anm. 14), S. 78; die Angestellten mit einem Jahresverdienst von bis zu 2000 RM blieben allerdings zunächst in der Arbeiterrentenversicherung pflichtversichert, siehe Zöllner, Landesbericht Deutschland, in: Köhler / Zacher (Hrsg.), Ein Jahrhundert Sozialversicherung, 1981, S. 51 ff. (110).

[18] Die Pflichtversicherungsgrenze wurde durch Art. 1 § 2 Nr. 1 des Finanzänderungsgesetzes vom 21. 12. 1967, BGBl 1967 I S. 1259, beseitigt.

[19] Siehe § 2 I Nr. 1 AVG.

[20] Wannagat (Anm. 14), S. 299; Bley (Anm. 2), S. 143.

sicherungsverhältnis[21], wenn Beiträge zur Rentenversicherung entrichtet werden[22]. Denn die Beitragsleistung wird in der gesetzlichen Rentenversicherung als wesentliche Voraussetzung des Versicherungsschutzes angesehen[23].

c) Rechtsnatur und Struktur des Sozialversicherungsverhältnisses

Bei dem Pflichtversicherungsverhältnis in der gesetzlichen Rentenversicherung handelt es sich um ein öffentlich-rechtliches Rechtsverhältnis[24], das umfassend gesetzlich geregelt und damit jeder vertraglichen Dispositionsfreiheit der Beteiligten entzogen ist[25].

Dieses Rechtsverhältnis wird seiner Art nach als Versicherung angesehen, da es – wenn auch wegen der sozialen Zielsetzung der Sozialversicherung modifiziert – eine auf Gegenseitigkeit angelegte Rechtsbeziehung beinhaltet, und zwar in dem Sinne synallagmatisch, als gegen die Zahlung von Beiträgen Versicherungsschutz gewährt wird[26].

Im Hinblick auf die Personen dieser Rechtsbeziehung wird von Beteiligten gesprochen, das sind der Versicherte, hier also der pflichtversicherte Arbeitnehmer, der Sozialversicherungsträger[27] sowie, im Rahmen der Arbeitnehmerpflichtversicherung, der Arbeitgeber als sonstiger Beteiligter[28]. Damit besteht dieses Pflichtversicherungsverhältnis aus einer Gesamtheit von öffentlich-rechtlichen Rechtsbeziehungen zwischen drei Personen[29].

Bezüglich des Inhalts des Sozialversicherungsverhältnisses wird unterschieden zwischen dem Beitragsverhältnis, das den Beitragsanspruch und die Beitragspflicht umfaßt[30], dem Anwartschaftsverhältnis, dessen Inhalt einerseits in der Gefahr- oder Risikoübernahme durch den Versicherungsträger besteht, andererseits in der dem Versicherten zustehenden Anwartschaft auf die Versicherungsleistung[31], sowie schließlich dem Leistungsverhältnis, das sich auf die Zeit nach dem Eintritt des Versicherungsfalles

---

[21] Siehe dazu noch näher unter c.
[22] Bley (Anm. 2), S. 142.
[23] Wannagat (Anm. 14), S. 301.
[24] Wannagat (Anm. 14), S. 193 f. und 299; Bley (Anm. 2), spricht von einem „öffentlich-rechtlichen Schuldverhältnis", S. 188.
[25] Wannagat (Anm. 14), S. 299.
[26] Bley (Anm. 2), S. 140; Richter, Grundlagen des Rechts der sozialen Sicherheit, 1979, S. 83; zu den Besonderheiten der Sozialversicherung gegenüber der Privatversicherung siehe Bogs (Anm. 7), S. 412 ff.
[27] Dazu oben unter a.
[28] Bley (Anm. 2), S. 141, 167, 173.
[29] Bley (Anm. 2), S. 140; Richter (Anm. 26), S. 82 f.
[30] Bley (Anm. 2), S. 180.
[31] Bley (Anm. 2), S. 190, dazu noch unter f.

1. Die Strukturen der gesetzlichen Rentenversicherungen   61

bezieht und einen Anspruch des Versicherten auf die Versicherungsleistungen zum Gegenstand hat[32].

d) Finanzierungsmittel

Die Finanzierung der gesetzlichen Rentenversicherung erfolgt durch Beiträge von Seiten der Arbeitnehmer und Arbeitgeber sowie durch staatliche Beteiligung in Form des sogenannten Staatszuschusses.

Gemäß der Vorschrift des § 112 IVa AVG sind die Pflichtbeiträge von dem versicherten Arbeitnehmer und dem Arbeitgeber je zur Hälfte zu tragen, wobei der Arbeitgeber die Beiträge in ihrer Gesamtheit zu entrichten hat[33]. Zu diesem Zweck kann der Arbeitgeber bei der Zahlung des Arbeitsentgeltes den Arbeitnehmeranteil vom Bruttolohn einbehalten[34].

Für die Beitragshöhe ist nicht das jeweils versicherte Risiko in der Person des Arbeitnehmers maßgebend, vielmehr ergibt sich diese aus einem gesetzlich festgelegten Vomhundertsatz (Beitragssatz) des Bruttoarbeitsentgelts[35]. Die Höhe dieses Beitragssatzes richtet sich nach dem finanziellen Bedarf der Versicherungsträger[36].

Das Arbeitsentgelt unterliegt nur bis zu einer bestimmten Höhe der Beitragspflicht, und zwar bis zur sogenannten Beitragsbemessungsgrenze, die in § 112 II AVG gesetzlich festgelegt und dynamisiert ist[37].

Seiner Rechtsnatur nach wird der Sozialversicherungsbeitrag weder als Abgabe noch als Steuer im abgabenrechtlichen Sinne angesehen, sondern als eine für den Bereich der Sozialversicherung besondere Abgabe, die grundsätzlich alle Geldleistungen umfaßt, die von Versicherten oder Arbeitgebern auf Grund gesetzlicher Vorschriften zur Deckung des Finanzbedarfs der Versicherungsträger aufgebracht werden[38].

---

[32] Bley (Anm. 2), S. 191, dazu noch unter f.
[33] Siehe § 118 I S. 1 AVG.
[34] § 119 I AVG, sogenanntes Lohnabzugsverfahren.
[35] Siehe § 112 I und IIIa AVG; zur Zeit beträgt der Beitragssatz in der gesetzlichen Rentenversicherung 19.2 %, ab 1. 1. 1987 18.7 %, siehe Art. 2 § 29b AnVNG; der Begriff des Arbeitsentgelts ist in § 14 I SGB IV gesetzlich bestimmt.
[36] Bley (Anm. 2), S. 183.
[37] 1984: 62 400 DM; die Dynamisierung ist gekoppelt an die Entwicklung der Bruttoarbeitsentgelte, siehe § 112 II AVG.
[38] So BVerfGE Bd. 14, S. 312 ff. (317/318); Bogs (Anm. 7), S. 572, bezeichnet den Sozialversicherungsbeitrag als „eigenartige Zwischenform von echtem Beitrag zu einer Versicherungssonderleistung der Verwaltung und einer Zwecksteuer"; nach Bley (Anm. 2), S. 188 f., ist der Beitrag als „öffentliche Abgabe mit mehrfachem Zweckbezug" einzuordnen, und zwar unter anderem mit dem das Sozialversicherungsverhältnis als öffentlich-rechtliches Schuldverhältnis betreffenden subjektivindividuellen Zweck, wonach die Beiträge als Vorleistung für die im Gegenseitigkeitsverhältnis vom Sozialversicherungsträger zu erbringende Vorsorge angesehen

Neben den Beiträgen der Arbeitnehmer und Arbeitgeber ist auch der Staat an der Aufbringung der finanziellen Mittel der gesetzlichen Rentenversicherung beteiligt, und zwar in Form des Bundes- oder Staatszuschusses. Hierbei handelt es sich allerdings um eine Beteiligung allein an den Ausgaben der Rentenversicherung, die nicht Leistungen der Alterssicherung sind[39]. Damit sollen vor allem Belastungen der gesetzlichen Rentenversicherung ausgeglichen werden, die diese zwar kraft gesetzlicher Anordnung zu tragen hat, die aber nicht spezifisch zu ihrem Aufgabenbereich rechnen und deshalb von der Allgemeinheit zu finanzieren sind[40].

Über diesen Staatszuschuß hinaus sieht § 111 AVG noch die sogenannte „Bundesgarantie" für den Fall vor, daß die Beiträge zusammen mit den sonstigen Einnahmen voraussichtlich nicht ausreichen, um die Ausgaben der Versicherung für die Dauer des nächsten Jahres zu decken; insoweit hat dann der Bund die erforderlichen Mittel aufzubringen.

e) Finanzierungssystem der gesetzlichen Rentenversicherungen

Die gesetzliche Rentenversicherung sowohl der Arbeiter als auch der Angestellten bedient sich heute des sogenannten „Umlageverfahrens" als Finanzierungssystem.

Während die Finanzierung der Renten zunächst im Wege des Kapital-(Anwartschafts-)deckungsverfahrens erfolgte[41], wurde mit der Rentenreform 1957[42] ein Umlageverfahren in der Form des „zehnjährigen Abschnittsdeckungsverfahrens" eingeführt[43], das im wesentlichen zum Inhalt hatte, daß innerhalb einer zehnjährigen Deckungsperiode die anfallenden Ausgaben durch entsprechende Beitragseinnahmen gedeckt sein mußten[44]. Hiervon wurde dann später zu einem reinen Umlageverfahren der jährlichen Ausgabendeckung durch entsprechende Beitragseinnahmen übergegangen, allerdings mit der „Sicherung", daß die Versicherungsträger zum Ausgleich von Einnahme- und Ausgabeschwankungen eine sogenannte Schwankungsreserve bereithalten müssen[45].

---

werden; als Sonderform der öffentlich-rechtlichen Abgabe qualifiziert v. Maydell den Sozialversicherungsbeitrag, in: Krause u.a., GK-SGB IV, § 20, Rdn. 9.

[39] Siehe § 116 I AVG.

[40] Stichwort: Fremdlasten, siehe Bley (Anm. 2), S. 189 f.; kritisch zu den sogenannten Fremdlasten in der gesetzlichen Rentenversicherung Krause, VSSR 1980, S. 115 ff. (insbes. S. 155 ff.); zum Einfluß einer Finanzierung durch staatliche Steuermittel auf den Charakter der Sozialversicherung siehe Bley (Anm. 2), S. 189.

[41] Wannagat (Anm. 14), S. 116.

[42] Deren wesentlicher Inhalt die Einführung der lohnbezogenen dynamischen Rente war, siehe dazu Wannagat (Anm. 14), S. 115 ff. sowie Zöllner (Anm. 17), S. 141 ff. (145 ff.).

[43] Wannagat (Anm. 14), S. 116 f.

[44] Wannagat (Anm. 14), S. 117.

1. Die Strukturen der gesetzlichen Rentenversicherungen

Damit erfolgt die Finanzierung der Aufwendungen in der gesetzlichen Rentenversicherung ohne jede Kapitalbildung, vielmehr müssen die innerhalb Jahresfrist zu erbringenden Leistungen von den Beitragszahlern während dieses Zeitraums aufgebracht werden[46]. Während der besondere Vorteil des Umlageverfahrens in der Anpassungsfähigkeit an dynamische Wirtschaftsentwicklungen besteht[47], liegen die Nachteile dieses Verfahrens vornehmlich zum einen darin, daß eine Mitfinanzierung der Leistungen aus Zinserträgen wegfällt[48], zum anderen in der Abhängigkeit von demographischen Entwicklungen. Da die Leistungen unmittelbar aus den von den Beitragszahlern aufgebrachten Mitteln bestritten werden, bedeutet eine steigende Zahl von Leistungsempfängern gegenüber einer gleichbleibenden oder sinkenden Zahl von Beitragszahlern bei unverändertem Leistungsniveau, daß die Beiträge zur Finanzierung entsprechend heraufgesetzt werden müssen[49].

In der Einführung des Umlageverfahrens wird sozialpolitisch eine Ausdehnung des der Sozialversicherung seit jeher eigenen Grundsatzes der „Solidarität" gesehen, und zwar nunmehr über die Versichertengemeinschaft als solche hinaus auf die Generationen der arbeitenden Beitragszahler einerseits und der bereits im Ruhestand befindlichen Arbeitnehmer/Rentner andererseits[50]. Insoweit wird von dem sogenannten „Generationenvertrag" gesprochen[51], womit ausgedrückt werden soll, daß die jeweils arbeitende Generation die alte Generation „unterhält" in der Erwartung, daß sie selbst auch einmal von der nachkommenden Generation „unterhalten" wird[52].

---

[45] Siehe § 110a AVG; wird diese Schwankungsreserve unterschritten, so greift zwischen den Versicherungsträgern ein Ausgleichsverfahren ein, siehe § 110a II – VII AVG.
[46] Zum Umlageverfahren siehe näher bei Kressmann, Das versicherungstechnische Äquivalenzprinzip in der gesetzlichen Rentenversicherung der Bundesrepublik Deutschland, 1971, S. 75 f.
[47] So können zum Ausgleich inflationärer Geldentwicklungen bei einem auf das Beitragsaufkommen abgestimmten Leistungsniveau die Leistungen und die Beiträge entsprechend der Inflationsrate angehoben werden, siehe Fürstenberg, Die Alterssicherung der freien Berufe, 1961, S. 70.
[48] Fürstenberg (Anm. 47), S. 71.
[49] Siehe auch Kressmann (Anm. 46), S. 70; dazu bereits oben unter I 2.
[50] Wannagat (Anm. 14), S. 117.
[51] Siehe Richter (Anm. 26), S. 63.
[52] Wannagat (Anm. 14), S. 117, spricht insoweit von der „gesetzlich verbürgten Annahme" der arbeitenden Generation, womit deutlich zum Ausdruck gebracht wird, daß damit keine „Garantie" verbunden ist. Siehe dazu auch Krause, VSSR 1980, S. 115 ff. (154), der darauf hinweist, daß es sehr fraglich ist, ob den heutigen Beitragszahlern zugesichert werden kann, entsprechende Rentenerwartungen wie die jetzige Generation der Rentner haben zu dürfen.

III. Der verfassungsrechtliche Schutz in der BR Deutschland

f) Alterssicherungsleistungen und ihre Voraussetzungen

Alterssicherungsleistung der gesetzlichen Rentenversicherungen ist das Altersruhegeld (§ 25 AVG), wobei im Gesetz verschiedene Möglichkeiten im Hinblick auf den Zeitpunkt vorgesehen sind, ab dem – bei Erfüllung der entsprechenden Voraussetzungen – eine Rente wegen Eintritt des Versicherungsfalles Alter bezogen werden kann.

Zum einen wird eine Altersrente gewährt, wenn der Arbeitnehmer bei Erreichen der „normalen" Altersgrenze, das heißt nach Vollendung des 65. Lebensjahres, eine Wartezeit erfüllt hat, welche die Zurücklegung einer Versicherungszeit von 60 Kalendermonaten voraussetzt[53]. Die Gewährung von Altersruhegeld wegen Erreichens der „normalen" Altersgrenze wird nicht dadurch ausgeschlossen, daß der Berechtigte weiterhin einer Erwerbstätigkeit nachgeht.

Zum anderen wird ein Altersruhegeld bei Erreichen der sogenannten „flexiblen" Altersgrenze gewährt, das heißt, wenn der versicherte Arbeitnehmer das 63. Lebensjahr vollendet und in diesem Zeitpunkt eine Wartezeit von 35 anrechnungsfähigen Versicherungsjahren erfüllt hat, in denen mindestens eine Versicherungszeit von 180 Kalendermonaten enthalten ist[54]. Mit der „flexiblen" Altersgrenze soll dem versicherten Arbeitnehmer die Möglichkeit gegeben werden, bereits vor Erreichen der „normalen" Altersgrenze in den Ruhestand gehen zu können[55].

Das „flexible" Altersruhegeld kann darüber hinaus auch schon bei Vollendung des 60. Lebensjahres in Anspruch genommen werden, wenn der versicherte Arbeitnehmer in diesem Zeitpunkt entweder anerkannter Schwerbehinderter oder berufs- bzw. erwerbsunfähig ist sowie die oben genannte Wartezeit erfüllt hat[56]. Ein Anspruch auf das „flexible" Altersruhegeld besteht allerdings nur, wenn der Versicherte seine Erwerbstätigkeit weitgehend aufgibt[57].

---

[53] § 25 V i.V.m. VII AVG; unter Versicherungszeit werden Beitragszeiten und Ersatzzeiten verstanden. Während es sich bei ersteren um Zeiten handelt, für die Beiträge wirksam entrichtet sind oder als entrichtet gelten, sind Ersatzzeiten beitragslose Zeiten, in denen der Versicherte infolge bestimmter, von der Allgemeinheit verantworteter Umstände an einer versicherungspflichtigen Beschäftigung gehindert war (z. B. Kriegsgefangenschaft), siehe Bley (Anm. 2), S. 266.

[54] Siehe § 25 I i.V.m. VII S. 1 AVG; zum Begriff der Versicherungszeit siehe Anm. 53. Bei den auf die Wartezeit anrechnungsfähigen Versicherungsjahren handelt es sich um Versicherungszeiten (Anm. 53) und Ausfallzeiten (darüber hinaus noch die sogenannten Zurechnungszeiten, denen aber nur Bedeutung im Hinblick auf Invaliditätsrenten zukommt, siehe § 37 AVG). Unter Ausfallzeiten werden die Zeiten verstanden, in denen der Versicherte an einer versicherungspflichtigen Beschäftigung unverschuldet verhindert ist, die Ursache aber – im Gegensatz zu den Ersatzzeiten – im persönlichen Bereich liegt (z. B. Schwangerschaft, siehe im einzelnen § 36 AVG); zum ganzen Bley (Anm. 2), S. 265 ff.

[55] Bley (Anm. 2), S. 213.

[56] § 25 I i.V.m. VII S. 1 AVG.

1. Die Strukturen der gesetzlichen Rentenversicherungen

Schließlich sieht das Gesetz noch die Möglichkeit des sogenannten „vorgezogenen" Altersruhegeldes vor[58], das zum einen von solchen Personen in Anspruch genommen werden kann, die nach einer Arbeitslosigkeit von mindestens 52 Wochen in den letzten 1,5 Jahren arbeitslos sind, das 60. Lebensjahr vollendet und als Wartezeit eine Versicherungszeit[59] von 180 Kalendermonaten zurückgelegt haben[60]. Sozialpolitischer Grund für die Gewährung dieses Altersruhegeldes ist die Annahme, daß bei einer Arbeitslosigkeit in diesem Alter nicht mehr von einer Rückkehr in das Arbeitsleben ausgegangen werden kann[61].

Zum anderen haben versicherte Frauen einen Anspruch auf „vorgezogenes" Altersruhegeld, die das 60. Lebensjahr vollendet, als Wartezeit eine Versicherungszeit[62] von 180 Kalendermonaten zurückgelegt sowie in den letzten zwanzig Jahren überwiegend eine rentenversicherungspflichtige Beschäftigung ausgeübt haben[63]. Damit soll vor allem der häufig bestehenden Doppelbelastung von Frauen durch Hausarbeit und Erwerbstätigkeit Rechnung getragen werden[64].

Mit Vorliegen der Voraussetzungen für ein normales, flexibles oder vorgezogenes Altersruhegeld erwirbt der Versicherte einen Anspruch auf die jeweilige Rentenleistung, bei dem es sich – auf der Grundlage des öffentlich-rechtlich strukturierten Rentenversicherungsverhältnisses[65] – um ein subjektives öffentliches Recht handelt[66].

Vor dem Eintritt des Versicherungsfalles – also dem Zeitraum des sogenannten Anwartschafts- oder Versicherungsverhältnisses – steht dem Versicherten eine öffentlich-rechtliche Rechtsposition im Sinne einer Anwartschaft zu, die einen durch Erfüllung der entsprechenden Voraussetzungen bedingten Anspruch auf die Versicherungsleistung zum Gegenstand hat[67].

---

[57] Siehe im einzelnen § 25 IV AVG.
[58] § 25 II und III AVG.
[59] Siehe oben, Anm. 53.
[60] § 25 II und VII S. 2 AVG; darüber hinaus muß der Versicherte in den letzten zehn Jahren mindestens 8 Jahre eine rentenversicherungspflichtige Beschäftigung ausgeübt haben, siehe § 25 II S. 2 AVG.
[61] Richter (Anm. 26), S. 102; Bley (Anm. 2), S. 214.
[62] Zum Begriff siehe Anm. 53.
[63] § 25 III i.V.m. VII S. 2 AVG.
[64] Bley (Anm. 2), S. 214.
[65] Siehe dazu oben unter c.
[66] Bley (Anm. 2), S. 242; BVerfGE Bd. 53, S. 257 ff. (289).
[67] Siehe Bley (Anm. 2), S. 190 f., der aber von einer Rentenanwartschaft erst nach Erfüllung der Wartezeit sprechen will; ebenso Stober, SdDSRV Bd. XXIII (1982), S. 9 ff. (28). Umfassender hingegen das BVerfG in Bd. 53, S. 257 ff. (289 f.), das unter Rentenanwartschaften „Rechtspositionen der Versicherten nach Begründung des Rentenversicherungsverhältnisses, die bei Erfüllung weiterer Voraussetzungen, etwa des Ablaufs der Wartezeit und des Eintritts des Versicherungsfalles, zum Vollrecht erstarken können", versteht. Damit ist von einer rechtlich relevanten Anwartschaft

III. Der verfassungsrechtliche Schutz in der BR Deutschland

g) Berechnung und Anpassung der Altersrenten

Wesentlich für die Berechnung der Altersrenten ist nicht die während des Arbeits-/Versicherungslebens erbrachte Beitragsleistung des Arbeitnehmers als solche, sondern vielmehr die Arbeitsleistung, und zwar ausgedrückt am Maßstab der Lohnentwicklung des einzelnen Versicherten im Verhältnis zu den anderen Mitversicherten[68]. Demgemäß wird von einer lohnbezogenen Rente gesprochen[69], deren Berechnung im einzelnen in den §§ 31 ff. AVG geregelt ist.

Nach der Bestimmung des § 31 I AVG beträgt der Jahresbetrag des Altersruhegeldes für jedes anrechnungsfähige Versicherungsjahr 1,5 % der für den Versicherten maßgebenden Rentenbemessungsgrundlage.

Bestimmende Faktoren für die Rentenberechnung sind damit:

– die anrechnungsfähigen Versicherungsjahre,

– der Steigerungssatz von 1,5 % pro anrechnungsfähigem Versicherungsjahr sowie

– die für den einzelnen Versicherten maßgebende (persönliche) Rentenbemessungsgrundlage[70].

Zu den anrechnungsfähigen Versicherungsjahren rechnen gemäß § 35 I AVG die Versicherungszeiten[71] sowie die Ausfallzeiten[72].

Jedes insoweit zu berücksichtigende Versicherungsjahr wird mit einem Steigerungssatz von 1,5 % multipliziert, davon ausgehend, daß damit nach einem „erfüllten Versichertenleben" (und das heißt Arbeitsleben) von 50 Jahren eine jährliche Altersrente von 75 % der maßgebenden Bemessungsgrundlage[73] erreicht werden könnte[74].

Der sich aus der Multiplikation von Versicherungsjahren und Steigerungssatz ergebende Vomhundertsatz wird nunmehr mit der für den einzelnen Versicherten maßgebenden (persönlichen) Bemessungsgrundlage vervielfacht, deren Berechnung sich aus § 32 I AVG ergibt.

---

bereits mit Beginn der ersten Beitragsleistung auszugehen, so auch Rüfner, SdDSRV Bd. XXIII (1982), S. 169 ff. (180).

[68] Wannagat (Anm. 14), S. 116.

[69] Wannagat (Anm. 14), S. 116.

[70] Die Rentenformel lautet demgemäß: $JR = pB \times J \times 1.5\%$ (JR = Jahresrente, pB = persönliche Bemessungsgrundlage, J = Versicherungsjahr), siehe Bley (Anm. 2), S. 268.

[71] Dazu oben unter f, Anm. 53.

[72] Darüber hinaus noch die für die Berechnung der Invaliditätsrenten bedeutsamen Zurechnungszeiten; zu den Ausfallzeiten siehe § 36 AVG sowie schon oben unter f, Anm. 54.

[73] Dazu sogleich.

[74] Siehe Bley (Anm. 2), S. 271, der darauf hinweist, daß diese in Anlehnung an die Beamtenversorgung entwickelte Zielvorstellung selten verwirklicht wird.

1. Die Strukturen der gesetzlichen Rentenversicherungen

Danach ist die persönliche Bemessungsgrundlage der Vomhundertsatz der allgemeinen Bemessungsgrundlage, der dem Verhältnis entspricht, in dem während der zurückgelegten Beitragszeiten der Bruttoarbeitsentgelt des Versicherten zu dem durchschnittlichen Bruttoarbeitsentgelt aller Versicherten der Rentenversicherungen der Arbeiter und Angestellten gestanden hat[75]. Bei der allgemeinen Bemessungsgrundlage handelt es sich um einen Wert, mit dem sichergestellt werden soll, daß die erstmalige Rentenberechnung in etwa am aktuellen Lohnniveau orientiert ist[76]. Gemäß § 32 II AVG wurde diese für das Jahr 1983 auf 25.445 DM festgesetzt und steigt seit diesem Zeitpunkt entsprechend der Entwicklung der Bruttoarbeitsentgelte[77].

Aus den vorstehenden Ausführungen zur Berechnung des Altersruhegeldes ergibt sich, daß die individuelle Rentenhöhe zum einen durch die Art der Berechnung der persönlichen Bemessungsgrundlage Ausdruck der Stellung des Versicherten ist, die dieser während des Arbeitslebens gegenüber den Versicherten insgesamt innehatte[78], zum anderen spiegelt sich in der Rentenhöhe durch die Berücksichtigung der Anzahl der Versicherungsjahre aber auch die Dauer der Mitgliedschaft in der Rentenversicherung und damit der Beitragszahlung wider[79], ohne daß den in die Rentenversicherung eingezahlten Beiträgen eine unmittelbare Rolle für die Rentenberechnung zukommt[80].

Eine Höchstbegrenzung der Rente ergibt sich daraus, daß die für den Versicherten maßgebende Rentenbemessungsgrundlage höchstens bis zum Doppelten (200 %) der im Jahr des Versicherungsfalles geltenden allgemeinen Bemessungsgrundlage berücksichtigt wird[81].

Auf der anderen Seite wird unter bestimmten Voraussetzungen eine sogenannte „Rente nach Mindesteinkommen" gewährt[82], womit die rentenrechtlichen Folgen früherer Niedriglöhne ausgeglichen[83] und Niedrigstrenten vermieden werden sollen[84].

---

[75] Es wird also – vereinfacht ausgedrückt – für jedes Versicherungsjahr der Verdienst des einzelnen Versicherten ins Verhältnis gesetzt zum Durchschnittsverdienst aller Versicherten und dieses Verhältnis wird – bezogen auf die Versicherungsjahre insgesamt – in einen Vomhundertsatz gefaßt.
[76] Bley (Anm. 2), S. 268.
[77] Zu den Einzelheiten siehe § 32 II S. 3 – 5 AVG.
[78] Siehe Bley (Anm. 2), S. 269.
[79] Bley (Anm. 2), S. 209.
[80] Wannagat (Anm. 14), S. 116, weist darauf hin, daß der Faktor „Beitrag" als solcher in der Rentenformel keine Rolle spielt und damit die Höhe des Beitragssatzes keine unmittelbare Auswirkung auf die später zu erwartende Rente zu haben braucht.
[81] Siehe § 32 I S. 1, 2. HS AVG.
[82] Siehe Art. 2 §§ 54b und 54c AnVNG zu den Einzelheiten.
[83] Bley (Anm. 2), S. 269.
[84] Zur Einordnung der „Rente nach Mindesteinkommen" als sogenannte Fremdlast der Rentenversicherung siehe Krause, VSSR 1980, S. 115 ff. (157 f.).

Um die Renten nach ihrer – in etwa am aktuellen Lohnniveau orientierten – Erstberechnung nicht in der Folgezeit von der wirtschaftlichen Entwicklung abzukoppeln, ist in § 49 AVG ein Anpassungsverfahren vorgesehen.

Danach werden die Renten alljährlich zum 1. Juli bei Veränderungen der allgemeinen Bemessungsgrundlage durch Gesetz angepaßt[85]. Als Maßstab für die Höhe der jeweiligen Rentenanpassung soll der Gesetzgeber gemäß § 49 II AVG von dem Grundsatz einer gleichgewichtigen Entwicklung der Renten und der verfügbaren Arbeitsentgelte ausgehen.

Damit handelt es sich hier um ein halbautomatisches Anpassungsverfahren[86] in dem Sinne, daß der Gesetzgeber zwar nicht über das „ob" einer Anpassung entscheiden kann und insoweit einer Anpassungspflicht unterliegt[87], jedoch steht die Höhe der jeweiligen Anpassung in seinem Ermessen[88].

2. Verfassungsrechtlicher Schutz von Rentenansprüchen und -anwartschaften

a) Denkbare verfassungsrechtliche Grundlagen

Ein verfassungsrechtlicher Schutz von Rentenansprüchen und -anwartschaften der Versicherten gegenüber gesetzgeberischen Eingriffen kann sich aus verschiedenen Verfassungsbestimmungen bzw. -grundsätzen ergeben.

So kann an eine Einschränkung der gesetzgeberischen Eingriffs- bzw. Gestaltungsfreiheit unter dem Gesichtspunkt des in Art. 14 GG geregelten Eigentumsschutzes gedacht werden, sofern die hier in Frage stehenden öffentlich-rechtlichen Rechtspositionen als Eigentum im Sinne dieser Verfassungsbestimmung anzusehen sind[89].

Weiterhin ist als verfassungsrechtlicher Anknüpfungspunkt für einen Renten- und Anwartschaftsschutz der aus dem Rechtsstaatsprinzip[90] abgeleitete allgemeine Vertrauensschutz in Betracht zu ziehen, aus welchem sich für den Gesetzgeber im Hinblick auf den Erlaß sogenannter rückwirkender Gesetze bestimmte Beschränkungen ergeben[91].

---

[85] § 49 I AVG.
[86] v. Maydell, ZGVW 1980, S. 297 ff. (307).
[87] Nämlich bei Veränderungen der allgemeinen Bemessungsgrundlage.
[88] Siehe v. Maydell, Geldschuld und Geldwert, 1974, S. 239; zu den verschiedenen Möglichkeiten für Anpassungsverfahren siehe Scheil, Dynamisierung gesetzlicher Altersrenten, 1979, S. 25 ff.
[89] Siehe dazu unter b.
[90] Das aus Art. 20 GG unter Hinweis auf die Regelung der Gewaltenteilung und des Gesetzmäßigkeitsprinzips abgeleitet wird, siehe Schnapp, in: v. Münch, GGK, Bd. 1, Art. 20, Rdn. 21.
[91] Siehe dazu unter c.

2. Der Schutz von Rentenansprüchen und -anwartschaften

Darüber hinaus ist zu prüfen, inwieweit das in Art. 20 I GG verfassungsrechtlich verankerte Sozialstaatsprinzip legislatorische Eingriffe in Rentenansprüche und -anwartschaften beschränken kann[92].

Schließlich ist im Rahmen der Prüfung des verfassungsrechtlichen Schutzes auch noch der in Art. 3 I GG niedergelegte allgemeine Gleichheitsgrundsatz heranzuziehen, der als unmittelbar geltendes Recht auch den Gesetzgeber bindet[93].

b) Verfassungsrechtlicher Schutz auf der Grundlage von Art. 14 GG (Eigentum)

(1) Rentenansprüche und -anwartschaften als Eigentum im Sinne von Art. 14 I GG

Gemäß Art. 14 I GG werden „Das Eigentum und das Erbrecht (...) gewährleistet. Inhalt und Schranken werden durch die Gesetze bestimmt."

Dieser Verfassungsbestimmung kommt als elementares Grundrecht nach allgemeiner Auffassung ein zentraler Stellenwert in der Rechts- und Gesellschaftsordnung zu, wobei die hier gewährleistete Eigentumsgarantie eine zweifache Dimension hat: zum einen wird sie verstanden als Institutsgarantie, zum anderen als Individualgarantie[94]. Während mit der Institutsgarantie das Eigentum als Rechtsinstitut und Element objektiv-rechtlicher Ordnung des Gemeinwesens gewährleistet wird[95], schützt Art. 14 GG in seiner Funktion als Individualgarantie alle vermögenswerten Rechte der einzelnen Grundrechtsträger jedenfalls im Bereich des Privatrechts[96].

Über das bloße Sacheigentum hinaus sind deshalb auch andere subjektive Rechtsstellungen Gegenstand der Individualgarantie, so zum Beispiel obligatorische Rechte[97].

Unterschiedliche Auffassungen hat es allerdings seit dem Inkrafttreten des Grundgesetzes im Hinblick auf die Frage gegeben, inwieweit öffentlich-rechtlich begründete Rechtspositionen in den Eigentumsschutz von Art. 14 GG einzubeziehen sind[98].

---

[92] Siehe dazu unter d.
[93] Siehe Gubelt, in: v. Münch, GGK, Bd. 1, Art. 3, Rdn. 8; dazu unter e.
[94] Bryde, in: v. Münch, GGK, Bd. 1, Art. 14, Rdn. 30, Raiser, Eigentum als Recht des Menschen, in: Schwartländer / Willoweit, Das Recht des Menschen auf Eigentum, 1983, S. 121 ff. (126).
[95] Hesse, Grundzüge des Verfassungsrechts der Bundesrepublik Deutschland, 1982, Rdn. 442; zum Doppelcharakter der Grundrechte allgemein siehe Hesse, a.a.O., Rdn. 279 ff.
[96] Papier, in: Maunz / Dürig / Herzog, Komm. z. GG, Art. 14, Rdn. 57.
[97] Papier, in: Maunz / Dürig / Herzog, Komm. z. GG, Art. 14, Rdn. 190; Hesse (Anm. 95), Rdn. 444.

70   III. Der verfassungsrechtliche Schutz in der BR Deutschland

Trotz der bis heute in den Einzelheiten umstritten gebliebenen Problematik hat sich dennoch inzwischen in der Rechtsprechung des Bundesverfassungsgerichts und in der verfassungsrechtlichen Literatur die Auffassung herausgeschält, daß auch öffentlich-rechtliche Rechtspositionen unter bestimmten Voraussetzungen Gegenstand der Eigentumsgarantie sein können und damit vom Schutz des Art. 14 GG erfaßt werden[99].

Öffentlich-rechtlich begründete Rechtsstellungen sind danach nicht generell in die Eigentumsgarantie des Art. 14 GG einbezogen, sondern nur dann, wenn diese dem jeweiligen Inhaber eine Rechtsposition verschaffen, die derjenigen des Eigentümers so nahe kommt, daß Art. 14 GG Anwendung finden muß[100]. Diese Rechtsposition muß so stark sein, daß es nach dem rechtsstaatlichen Gehalt des Grundgesetzes als ausgeschlossen erscheint, daß sie ersatzlos entzogen werden kann[101].

Für den Bereich öffentlich-rechtlich begründeter Sozialversicherungspositionen im allgemeinen und Versichertenrentenansprüche und -anwartschaften im besonderen hat das Verfassungsgericht auf der Grundlage dieser allgemeinen Anforderungen die Voraussetzungen für eine Einbeziehung in den Schutz von Art. 14 GG dahingehend konkretisiert, daß diese Rechtspositionen zum einen von ihrer Funktion her dazu bestimmt sein müssen, ihrem Inhaber einen Freiheitsraum im vermögensrechtlichen Bereich zu sichern und ihm dadurch eine eigenverantwortliche Gestaltung seines Lebens zu ermöglichen[102], zum anderen müssen sie die konstituierenden Merkmale des durch Art. 14 GG geschützten Eigentums aufweisen[103].

---

[98] Siehe einerseits die ablehnende Auffassung von Huber, E.R., Wirtschaftsverwaltungsrecht II, 1954, S. 19 f., andererseits die grundsätzliche Bejahung bei Dürig, Der Staat und die vermögenswerten öffentlich-rechtlichen Berechtigungen seiner Bürger, in: Staat und Bürger, Festschrift für Willibald Apelt zum 80. Geburtstag, 1958, S. 13 ff.

[99] Während das BVerfG von Anfang an Zurückhaltung im Hinblick auf die Einbeziehung öffentlich-rechtlicher Rechtspositionen übte (siehe BVerfGE Bd. 2, S. 380 ff. (399): von Art. 14 GG werden „jedenfalls grundsätzlich vermögenswerte Rechte des öffentlichen Rechts nicht umfaßt."), vertrat der BGH schon früh eine sehr weite Auffassung: die Eigentumsgarantie müsse „auf jedes vermögenswerte Recht bezogen werden, gleichgültig, ob es dem bürgerlichen oder dem öffentlichen Recht angehört.", siehe BGHZ Bd. 6, S. 271 ff. (278).

[100] BVerfGE Bd. 4, S. 219 ff. (241); Bd. 53, S. 257 ff. (289).

[101] BVerfGE Bd. 16, S. 94 ff. (112).

[102] BVerfGE Bd. 53, S. 257 ff. (290); BVerfG in DVBl 1985, S. 1015 ff. (1016).

[103] BVerfGE Bd. 53, S. 257 ff. (290). Im Unterschied zu der insoweit grundlegenden Vorsorgungsausgleichs-Entscheidung des BVerfG aus dem Jahre 1980, Bd. 53, S. 257 ff. (290) rechnet das Gericht in seinem Urteil zur beitragsfreien Krankenversicherung der Rentner vom 16. 7. 1985 auch die Funktion der Existenzsicherung zu den sogenannten konstituierenden Merkmalen des Eigentums, siehe BVerfG in DVBl 1985, S. 1015 ff. (1016 f.). Kritisch zur Begründung des Eigentumsschutzes über das Merkmal der „existenzsichernden Funktion" Leisner, Eigentum als Existenzsicherung?, in: Rechtsstaat, Kirche, Sinnverantwortung, Festschrift für Klaus Obermayer, 1986, S. 65 ff. (insbes. 69 ff.).

2. Der Schutz von Rentenansprüchen und -anwartschaften

Insoweit ist für die Bewertung dieser subjektiv-öffentlichen Rechte als Eigentum bedeutsam, inwieweit sich diese als Äquivalent eigener Leistung erweisen oder auf staatlicher Gewährung beruhen[104]. Gerade das Merkmal der eigenen Leistung ist als besonderer Schutzgrund für die Eigentümerposition anerkannt, während ein Eigentumsschutz abzulehnen ist, soweit es sich allein um eine einseitige Gewährung des Staates handelt[105]. Über das Merkmal der eigenen Leistung hinaus zeichnet sich das verfassungsrechtlich geschützte Eigentum durch seine Privatnützigkeit aus, das heißt die Zuordnung zu einem Rechtsträger, in dessen Hand es als Grundlage privater Initiative und im eigenverantwortlichen Interesse von Nutzen sein soll, sowie durch die von dieser Nutzung nicht immer deutlich abgrenzbare grundsätzliche Verfügungsbefugnis über den Eigentumsgegenstand[106].

Unter Zugrundelegung dieser vom Bundesverfassungsgericht herausgearbeiteten Voraussetzungen besteht heute in Rechtsprechung und Literatur weitgehende Einigkeit über die Einbeziehung von Versichertenrentenansprüchen und -anwartschaften in den Schutz der Eigentumsgarantie des Art. 14 GG[107].

---

[104] BVerfGE Bd. 14, S. 288 ff. (294); siehe auch Ossenbühl, Staatshaftungsrecht, 1983, S. 103; nach Krause, Eigentum an subjektiven öffentlichen Rechten, 1982, wird der für die Anerkennung als Eigentum erforderliche Zusammenhang zwischen der Berechtigung und der Leistung dadurch hergestellt, „daß Leistung und Berechtigung in einem synallagmatischen Verhältnis gegeneinander ausgetauscht werden", siehe S. 67.
[105] BVerfGE Bd. 53, S. 257 ff. (292); BVerfG in DVBl 1985, S. 1015 ff. (1017).
[106] BVerfGE Bd. 53, S. 257 ff. (290); BVerfG in DVBl 1985, S. 1015 ff. (1016 f.).
[107] Grundlegend ist insoweit die Entscheidung des BVerfG aus dem Jahre 1980 zur Verfassungsmäßigkeit des Versorgungsausgleichs, in der es im wesentlichen um die Frage ging, ob im Falle der Scheidung die während der Ehe erworbenen Rentenanwartschaften unter den Ehepartnern aufgeteilt werden dürfen, siehe BVerfGE Bd. 53, S. 257 ff. (289 ff.). Bestätigung dieser Rechtsprechung später unter anderem in BVerfGE Bd. 58, S. 81 ff. (Ausbildungsausfallzeiten-Entscheidung); Bd. 63, S. 152 ff. (174) (Ausschluß von Beamten von den Leistungen der gesetzlichen Rentenversicherung zur medizinischen Rehabilitation, § 13 Ia S. 3 AVG); BVerfGE Bd. 64, S. 87 ff. (97) (Anpassungs-Entscheidung).
Über den Eigentumsschutz von Versichertenrentenansprüchen und -anwartschaften hinaus hat das BVerfG bis heute einen solchen Schutz für Arbeitslosengeld (BVerfG in EuGRZ 1986, S. 285 ff.) sowie für die in § 1235 Nr. 5 RVO (§ 12 Nr. 5 AVG) enthaltene Rechtsposition, wonach der Rentenversicherungsträger Beiträge oder Zuschüsse für die Krankenversicherung der Rentner zu zahlen hat (siehe BVerfG in DVBl 1985, S. 1015 ff.), bejaht. Hingegen hat das Gericht einen Eigentumsschutz für Leistungen, die im Ermessen des Versicherungsträgers stehen, abgelehnt, siehe BVerfGE Bd. 63, S. 152 ff.
Mit dem verfassungsrechtlichen Schutz öffentlich-rechtlich begründeter Rechtspositionen und sozialversicherungsrechtlicher Rechtsstellungen im besonderen hat sich in den letzten Jahren auch verstärkt die rechtswissenschaftliche Literatur auseinandergesetzt, siehe insoweit nur die Stellungnahmen von Stober / Stolleis / Rüfner / Papier / Grimm, in: Verfassungsrechtlicher Eigentumsschutz sozialer Rechtspositionen, SdDSRV Bd. XXIII, 1982; Krause, Eigentum an subjektiven öffentlichen Rechten, 1982; aus jüngster Zeit siehe Unger, ZfS 1985, S. 225 ff.; Ruland, DRV 1986, S. 13 ff.; Heine, DRV 1985, S. 345 ff.; Degenhart, Bay VBl 1984, S. 65 ff.

Grundlegender Anknüpfungspunkt für die Unterstellung dieser Rechtspositionen unter den Schutz der Eigentumsgarantie war für das Verfassungsgericht die Überlegung, daß es sich bei der Garantie des Eigentums um ein in engem Zusammenhang mit der persönlichen Freiheit stehendes elementares Grundrecht handelt, das einen Freiheitsraum im vermögensrechtlichen Bereich sichern und damit dem Grundrechtsträger eine eigenverantwortliche Gestaltung seines Lebens ermöglichen soll[108]. Die wirtschaftliche Existenzsicherung wird aber – wie das Gericht in seiner Versorgungsausgleichs-Entscheidung weiter ausführt – heute weniger durch privates Sachvermögen als vielmehr durch den Arbeitsertrag und die daran anknüpfende solidarische Daseinsvorsorge gewährleistet, die Anrechte des einzelnen auf Leistungen der Rentenversicherung sind an die Stelle privater Vorsorge und Sicherung getreten[109].

Die Rentenansprüche und -anwartschaften erfüllen nach der Auffassung des Verfassungsgerichts – über die Funktion der wirtschaftlichen Existenzsicherung hinaus – auch die weiteren Voraussetzungen für eine Einbeziehung unter den Schutz von Art. 14 GG[110].

Zum einen handelt es sich hierbei nicht um reine Gewährleistungen von Seiten des Staates, vielmehr beruhen diese Rechtspositionen auf eigenen Leistungen der Berechtigten[111]. Hierbei wird nicht gefordert, daß sich Beitragsleistung einerseits und Berechtigung andererseits genau entsprechen[112], vielmehr wird eine nicht unerhebliche Eigenleistung für ausreichend gehalten[113].

Darüber hinaus sind die hier in Frage stehenden Rechtspositionen auch als im oben beschriebenen Sinne privatnützig anzusehen, da sie einem

---

[108] BVerfGE Bd. 53, S. 257 ff. (290).
[109] BVerfGE Bd. 53, S. 257 ff. (290); BVerfG in DVBl 1985, S. 1015 ff. (1017); Grundlage für diese funktionsorientierte Ausdehnung der Eigentumsgarantie war für das BVerfG ein Sondervotum der ehemaligen Verfassungsrichterin Rupp – v. Brünneck aus dem Jahre 1971 (BVerfGE Bd. 32, S. 111 ff., S. 129 ff.), in welchem diese unter Hinweis auf das ständige Vordringen der staatlichen Daseinsvorsorge ausführte: „Wenn der Eigentumsschutz ein Stück Freiheitsschutz enthält, insofern er dem Bürger die wirtschaftlichen Voraussetzungen einer eigenverantwortlichen Lebensgestaltung sichert, so muß er sich auch auf die öffentlich-rechtlichen Berechtigungen erstrecken, auf die der Bürger in seiner wirtschaftlichen Existenz zunehmend angewiesen ist.", (S. 142).
[110] Siehe oben.
[111] BVerfGE Bd. 53, S. 257 ff. (291 f.).
[112] BVerfGE Bd. 53, S. 257 ff. (292).
[113] BVerfG in DVBl 1985, S. 1015 ff. (1017) konkretisiert diese Voraussetzung weiter dahingehend, daß eine nicht unerhebliche Eigenleistung nicht schon dadurch ausgeschlossen werde, daß eine Rechtsposition auch oder überwiegend auf staatlicher Gewährung beruhe. Im übrigen müßten zu den Eigenleistungen nicht nur die des Versicherten, also dessen eigene Beiträge, gerechnet werden, sondern auch Beiträge, die zu seinen Gunsten von Dritten an den Rentenversicherungsträger gezahlt worden sind.

2. Der Schutz von Rentenansprüchen und -anwartschaften

bestimmten Rechtsträger zugeordnet sind und als wirtschaftliche Grundlage für eine eigenverantwortliche Lebensgestaltung dienen sollen[114].

Schließlich erfüllen die Rentenansprüche und -anwartschaften auch das weitere Merkmal der grundsätzlichen Verfügungsbefugnis, trotz der Tatsache, daß es sich bei diesen Rechtspositionen um gesetzlich ausgestaltete Rechtsstellungen handelt.

Insoweit werden allerdings – angesichts der auch im privaten Vermögensbereich in vielfältiger Form vorzufindenden Dispositionsbeschränkungen – vom Verfassungsgericht nur geringe Anforderungen an die Erfüllung dieser Voraussetzung gestellt. Diese wird unter dem Gesichtspunkt bejaht, daß in dem Element der grundsätzlichen Verfügungsbefugnis ein besonderer personaler Bezug des Rechtsinhabers zum Eigentumsobjekt zum Ausdruck kommt und sich dieser bei Rentenansprüchen und -anwartschaften darin äußert, daß deren Umfang durch die persönliche Arbeitsleistung des Berechtigten mitbestimmt wird[115].

Die damit in die Eigentumsgarantie einbezogenen Rentenansprüche und -anwartschaften, wobei das Bundesverfassungsgericht unter Anwartschaften Rechtspositionen der Versicherten nach Begründung des Rentenversicherungsverhältnisses versteht, die bei Erfüllung weiterer Voraussetzungen wie z. B. dem Ablauf der Wartezeit und des Eintritts des Versicherungsfalles zum Vollrecht erstarken können[116], unterliegen dem Eigentumsschutz in ihrer Gesamtheit. Das heißt, es kann zwischen den verschiedenen Elementen, die für die jeweilige Rechtsposition von Bedeutung sind und diese gestalten, keine Differenzierung im Hinblick auf die Frage der Einbeziehung in die Eigentumsgewährleistung vorgenommen werden[117].

---

[114] BVerfGE Bd. 53, S. 257 ff. (290). In der Entscheidung zum beitragslosen Krankenversicherungsschutz der Rentner stellt das BVerfG für das Kriterium der „Privatnützigkeit" besonders darauf ab, ob „der Berechtigte davon ausgehen kann, daß es sich um „seine", ihm ausschließlich zustehende Rechtsposition handelt.", und stellt dem solche Rechtspositionen gegenüber, die vom Ermessen des Versicherungsträgers abhängen, siehe in DVBl 1985, S. 1015 ff. (1017).
[115] BVerfGE Bd. 53, S. 257 ff. (291). Von diesem Element der grundsätzlichen Verfügungsbefugnis spricht das BVerfG in seiner Entscheidung zur beitragslosen Krankenversicherung der Rentner nicht mehr, was wohl damit zu erklären ist, daß die Gestaltung der Rechtsstellungen durch die eigene Arbeitsleistung schon mit dem Eigenleistungskriterium (siehe oben) abgedeckt wird und unter diesem Gesichtspunkt dem Merkmal der Verfügungsbefugnis kein eigener Stellenwert mehr zukommt (BVerfG in DVBl 1985, S. 1015 ff. (1017)).
[116] BVerfGE Bd. 53, S. 257 ff. (289/290); siehe schon unter 1 f, Anm. 67.
[117] So ausdrücklich BVerfGE Bd. 58, S. 81 ff. (109).

III. Der verfassungsrechtliche Schutz in der BR Deutschland

*(2) Gestaltungsbefugnis des Gesetzgebers
im Hinblick auf Rentenansprüche und -anwartschaften*

(a) Inhalts- und Schrankenbestimmung
durch den Gesetzgeber gemäß Art. 14 I S. 2 GG

Unterfallen Rentenansprüche und -anwartschaften der Versicherten demzufolge der in Art. 14 GG gewährleisteten Eigentumsgarantie, so ergibt sich die konkrete Reichweite dieses Schutzes erst aus der Bestimmung von Inhalt und Schranken des Eigentums, die gemäß Art. 14 I S. 2 GG Sache des Gesetzgebers ist[118].

Insoweit sind nach verfassungsgerichtlicher Rechtsprechung für die Gestaltungsfreiheit des Gesetzgebers Eigenart und Funktion des Eigentumsobjekts von maßgeblicher Bedeutung: Jener sind enge Grenzen gesetzt, soweit es um die Funktion des Eigentums als Element der Sicherung persönlicher Freiheit geht, hingegen ist die Befugnis des Gesetzgebers umso weiter, je mehr das Eigentumsobjekt in einem sozialen Bezug und einer sozialen Funktion steht[119].

Unter Zugrundelegung dieses Maßstabes für die Gestaltungsfreiheit des Gesetzgebers im Hinblick auf eigentumsrechtliche Positionen im allgemeinen und Versichertenrenten und -anwartschaften in der gesetzlichen Rentenversicherung im besonderen ist zunächst festzustellen, daß diese rentenrechtlichen Positionen einerseits durch ihre individuelle Zuordnung und wegen des Zusammenhangs mit eigenen Leistungen der Berechtigten einen personalen Bezug aufweisen. Andererseits zeichnen sie sich aber auch durch einen starken sozialen Bezug aus, indem sie Bestandteile eines Leistungssystems sind, dem eine besonders bedeutsame soziale Funktion zukommt[120]. Die jeweiligen Rechtspositionen können nicht für sich isoliert betrachtet werden, sondern sind eingefügt in einen auf dem Gedanken der Solidargemeinschaft und des „Generationenvertrages"[121] beruhenden Gesamtzusammenhang[122]. Die Finanzierung der Leistungen und damit die „Gewährleistung" der Rentenansprüche erfolgt durch die im Berufsleben stehende Generation in der Erwartung, von der nachfolgenden Generation eine entsprechende „Gewährleistung" zu erhalten[123].

---

[118] BVerfGE Bd. 53, S. 257 ff. (292); Bd. 58, S. 81 ff. (109 f.). Hiervon zu unterscheiden ist die Frage, unter welchen Voraussetzungen der Gesetzgeber entsprechende Rechtsstellungen entziehen kann. Dabei geht es dann nicht mehr um die Gestaltung oder Inhaltsbestimmung von eigentumsrechtlich geschützten Positionen, sondern um deren Enteignung, die nur im Rahmen von Art. 14 III GG zulässig ist.

[119] BVerfGE Bd. 50, S. 290 ff. (340); Bd. 53, S. 257 ff. (292); Bd. 64, S. 87 ff. (101).

[120] BVerfGE Bd. 53, S. 257 ff. (292).

[121] Siehe dazu schon oben unter 1 e.

[122] BVerfGE Bd. 53, S. 257 ff. (292).

[123] BVerfGE Bd. 53, S. 257 ff. (292/293).

2. Der Schutz von Rentenansprüchen und -anwartschaften

Im Hinblick auf die Inhalts- und Schrankenbestimmung rentenversicherungsrechtlicher Positionen ist deshalb von einer grundsätzlich weiten Gestaltungsfreiheit des Gesetzgebers auszugehen. Insbesondere hat dieser im Rahmen von Art. 14 I S. 2 GG die Möglichkeit zur Beschränkung von Rentenansprüchen und -anwartschaften durch solche Regelungen, die dazu dienen, „die Funktions- und Leistungsfähigkeit des Systems der gesetzlichen Rentenversicherungen im Interesse aller zu erhalten, zu verbessern oder veränderten wirtschaftlichen Bedingungen anzupassen"[124].

Über das Vorliegen eines solchermaßen legitimierenden Gemeinwohlzwecks hinaus, dessen der Gesetzgeber für Eingriffe in geschützte subjektive Rechte bedarf[125], muß der Gesetzgeber die Grundsätze der Verhältnismäßigkeit und des Vertrauensschutzes beachten[126].

An die Eingriffe des Gesetzgebers sind umso strengere Anforderungen zu stellen, je mehr Rentenansprüche und -anwartschaften durch den personalen Bezug des Anteils eigener Leistung geprägt sind[127].

Damit ist letztlich für die Gestaltungs- bzw. Eingriffsbefugnis des Gesetzgebers der Gesichtspunkt der eigenen Leistung des Anspruchs- oder Anwartschaftsberechtigten entscheidend, wie das Bundesverfassungsgericht auch in seiner Entscheidung zur beitragslosen Krankenversicherung der Rentner aus dem Jahre 1985 ausdrücklich hervorgehoben hat: „Der Umfang der Eigenleistung ist vor allem für die ... Frage wesentlich, inwieweit der Gesetzgeber Inhalt und Schranken einer unter die Eigentumsgarantie fallenden Position regeln kann[128]."

Demzufolge muß für die Zulässigkeit von gesetzgeberischen Eingriffen die Frage geklärt werden, nach welchen Kriterien bei Rentenansprüchen und -anwartschaften der besonders geschützte Bereich des Anteils eigener Leistung abzugrenzen ist.

Insoweit kann nicht auf eine absolute Eigenfinanzierungsquote, also auf die aufgewendeten Beitragsmittel und ihre Verzinsung, abgestellt werden[129]. Zum einen würde damit der besondere Eigentumsschutz auf eine rechneri-

---

[124] So die Formulierung des BVerfG zum wohl relevantesten Legitimationsgrund für Eingriffe des Gesetzgebers, siehe BVerfGE Bd. 53, S. 257 ff. (293); Bd. 58, S. 81 ff. (110). Darüber hinaus können auch andere eingriffslegitimierende Gründe in Betracht kommen wie z. B. in der Versorgungsausgleichs-Entscheidung, wo das BVerfG den Eingriff des Gesetzgebers als durch Art. 6 I GG (Schutz der Ehe) und Art. 3 II GG (Gleichberechtigung von Männern und Frauen) gerechtfertigt sah, siehe BVerfGE Bd. 53, S. 257 ff. (296).
[125] Siehe BVerfGE Bd. 58, S. 81 ff. (121).
[126] Papier, in: Maunz / Dürig / Herzog, Komm. z. GG, Rdn. 132; BVerfGE Bd. 53, S. 257 ff. (293); Bd. 58, S. 81 ff. (114 / 120 f.); dazu noch im folgenden.
[127] BVerfGE Bd. 53, S. 257 ff. (293); Bd. 58, S. 81 ff. (112).
[128] BVerfG in DVBl 1985, S. 1015 ff. (1017).
[129] Papier, in: Maunz / Dürig / Herzog, Komm. z. GG, Art. 14, Rdn. 134; Rische / Terwey, DRV 1983, S. 273 ff. (282 f.).

sche Größe reduziert, im Umfang abhängig von der jeweils im Einzelfall aufgebrachten Eigenleistung[130], zum anderen würde eine solche versicherungstechnische Basierung des besonderen Eigentumsschutzes nicht aus dem Finanzierungssystem der gesetzlichen Rentenversicherung heraus gerechtfertigt werden können, bei dem es sich ja – verbunden mit der Vorstellung des „Generationenvertrages" – um ein Umlageverfahren handelt[131].

Stattdessen ist für die Abgrenzung des unter den besonderen Eigentumsschutz fallenden Bereichs der Rentenansprüche und -anwartschaften auf die einzelnen Berechnungsfaktoren dieser Rechtspositionen abzustellen und insoweit von einer gesteigerten Bestandsgarantie auszugehen, als sich die Berechnungsfaktoren als (mittelbar) beitragsbezogen erweisen und insofern von der persönlichen Leistung des jeweiligen Rechtsinhabers mitbeeinflußt werden[132]. Hierbei handelt es sich um jene Faktoren, welche die relative Stellung des Berechtigten innerhalb der Versichertengemeinschaft bestimmen[133], so daß der besondere Eigentumsschutz von Rentenansprüchen und -anwartschaften in der vom Gesetzgeber regelmäßig zu beachtenden Wahrung der jeweiligen Versichertenpositionen im Verhältnis zueinander besteht[134].

Damit wird durch die Einbeziehung von Rentenansprüchen und -anwartschaften in den Schutzbereich von Art. 14 GG nicht eine bestimmte Leistungshöhe gewährleistet[135], vielmehr ist der Gesetzgeber auf der Grundlage der ihm nach Art. 14 I S. 2 GG zustehenden Gestaltungsbefugnis zu Eingriffen bei Vorliegen eines legitimierenden Grundes[136] sowie unter Beachtung der Verhältnismäßigkeit und des Vertrauensschutzes[137] berechtigt, soweit er die systeminterne Proportionalität der Versichertenpositionen beachtet[138].

---

[130] Papier, SdDSRV Bd. XXIII (1982), S. 193 ff. (199).

[131] Degenhart, Bay VBl 1984, S. 65 ff. (69). Das BVerfG führt in einer Entscheidung bezüglich der Besteuerung von Renten der gesetzlichen Rentenversicherung aus, daß „der nominelle Wert der Beiträge kein geeigneter Maßstab zur Gewinnung einer Größenordnung für den selbstfinanzierten Anteil des Rentenrechts ist ...,", siehe BVerfGE Bd. 54, S. 11 ff. (30).

[132] Papier, in: Maunz / Dürig / Herzog, Komm. z. GG, Art. 14, Rdn. 134; Degenhart, Bay VBl 1984, S. 65 ff., 103 ff. (70 und 105).

[133] Degenhart, Bay VBl 1984, S. 103 ff. (105).

[134] Verfassungsrechtlich besonders geschützt ist mithin die „Rangstelle" des einzelnen Versicherten, siehe Ruland, DRV 1986, S. 13 ff. (18) unter Bezugnahme auf BVerfGE Bd. 54, S. 11 ff. (28), wo das Gericht von der Bedeutung der Beiträge für „die Rangstelle des Versicherten innerhalb der Versichertengemeinschaft" spricht; siehe auch Heine, DRV 1985, S. 345 ff. (358 f.); Unger, ZfS 1985, S. 225 ff. (231); Isensee, Der Sozialstaat in der Wirtschaftskrise. Der Kampf um die sozialen Besitzstände und die Normen der Verfassung, in: Demokratie in Anfechtung und Bewährung (Festschrift für Johannes Broermann), 1982, S. 365 ff. (380).

[135] Krause (Anm. 104), S. 186; Ruland, DRV 1986, S. 13 ff. (19); siehe auch BVerfGE Bd. 22, S. 241 ff. (253), danach gehört eine bestimmte Leistungshöhe nicht zum feststehenden Inhalt einer Anwartschaft.

[136] Siehe oben.

[137] Dazu sogleich.

2. Der Schutz von Rentenansprüchen und -anwartschaften

Das bedeutet allerdings nicht, daß dem Gesetzgeber – unter Wahrung der oben beschriebenen Proportionalität – keine Schranken hinsichtlich der Verminderung von Rentenpositionen gesetzt sind. Insoweit folgt aus der den rentenversicherungsrechtlichen Positionen eigenen Funktion der wirtschaftlichen Existenzsicherung[139] eine dahingehende Bindung des Gesetzgebers, daß er das Rentenniveau nicht soweit absinken lassen darf, daß die Funktion der Leistungen und damit die Existenzsicherung der Rentner in Frage gestellt würden[140].

(b) Beachtung des Verhältnismäßigkeitsgrundsatzes

Neben der Voraussetzung, daß Eingriffe des Gesetzgebers durch Gründe des Allgemeinwohls gerechtfertigt sein müssen, sind weiterhin – wie bereits erwähnt – die Grundsätze der Verhältnismäßigkeit sowie des Vertrauensschutzes zu beachten.

Insoweit verlangt der Grundsatz der Verhältnismäßigkeit, daß die auf der Grundlage des dem Gesetzgeber durch Art. 14 I S. 2 GG eingeräumten Gestaltungsspielraums erfolgenden Eingriffe in durch Art. 14 I S. 1 GG geschützte Rechtsstellungen in einem angemessenen Verhältnis zu dem mit der zugrunde liegenden Maßnahme verfolgten Zweck stehen[141]. Deshalb hat der Gesetzgeber die schutzwürdigen Belange der Beteiligten in einen gerechten Ausgleich und ein ausgewogenes Verhältnis zu bringen und dementsprechend darauf zu achten, daß die Eigentumsbindungen verhältnismäßig sind[142].

Im einzelnen bedeutet die Anwendung dieses Grundsatzes, daß eine in durch Art. 14 I S. 1 GG geschützte Rechtspositionen eingreifende Maßnahme zur Erreichung des vom Gesetzgeber angestrebten Ziels geeignet und notwendig sein muß, außerdem darf sie als solche nicht übermäßig belastend und deshalb unzumutbar sein[143].

Das neben den Kriterien der Geeignetheit und Notwendigkeit im Rahmen des Verhältnismäßigkeitsgrundsatzes speziell zu beachtende Übermaßver-

---

[138] Siehe Ruland, DRV 1986, S. 13 ff. (19): „Die Eigentumsgarantie der Renten sichert keine Beträge. Sie sichert mit dem Ziel der größtmöglichen Anteilsgerechtigkeit die Gleichbehandlung der Rentner untereinander..."; Unger, ZfS 1985, S. 225 ff. (231) formuliert dahin, daß eine Reduzierung bestehender Positionen nicht ausgeschlossen sei, erforderliche Kürzungen müßten grundsätzlich proportional im Verhältnis zur Wertigkeit der Rangstelle erfolgen.
[139] BVerfGE Bd. 53, S. 257 ff. (290).
[140] Ruland, DRV 1986, S. 13 ff. (18).
[141] BVerfGE Bd. 58, S. 81 ff. (114); Bd. 64, S. 87 ff. (103).
[142] BVerfGE Bd. 52, S. 1 ff. (29); Bd. 58, S. 81 ff. (114).
[143] BVerfGE Bd. 21, S. 150 ff. (155); Schwerdtfeger, Die dogmatische Struktur der Eigentumsgarantie, 1983, S. 19.

bot verlangt eine Abwägung zwischen der Intensität der Belastung für die Rechtsinhaber und der zu ihrer Rechtfertigung anzuführenden Gründe[144].

Damit ist für die Zulässigkeit einer gesetzgeberischen Maßnahme unter dem Gesichtspunkt der Verhältnismäßigkeit jeweils auf den einzelnen Eingriff, seine Begründung durch den Gesetzgeber sowie die Auswirkungen abzustellen. Allgemein ist jedoch für den insoweit erforderlichen Abwägungsprozeß davon auszugehen, daß der Zielsetzung des Gesetzgebers, die Funktions- und Leistungsfähigkeit des Systems der gesetzlichen Rentenversicherung im Interesse aller zu erhalten, in der Rechtsprechung des Bundesverfassungsgerichts eine hohe Bedeutung beigemessen wird[145].

(c) Grundsatz des Vertrauensschutzes

Darüber hinaus hat der Gesetzgeber den Grundsatz des Vertrauensschutzes zu beachten, der nach ständiger Rechtsprechung des Bundesverfassungsgerichts in der Grundrechtsbestimmung des Art. 14 GG für die vermögenswerten Güter eine eigene Ausprägung und verfassungsrechtliche Ordnung erfahren hat[146]. Die Funktion der Eigentumsgarantie besteht nämlich gerade darin, dem Bürger Rechtssicherheit hinsichtlich der durch Art. 14 I GG geschützten Güter zu gewähren und das Vertrauen auf das durch die verfassungsmäßigen Gesetze ausgeformte Eigentum zu schützen[147].

Dies bedeutet allerdings nicht, daß der Gesetzgeber im Falle von Rechtsänderungen nach der bisherigen Rechtslage begründete Rechtspositionen entweder unangetastet lassen oder aber unter den Voraussetzungen des Art. 14 III GG enteignen muß[148]. Vielmehr kann er individuelle Rechtspositionen mit der Folge modifizieren, daß die neue Rechtslage auch für bereits erworbene Rechtsstellungen Geltung hat[149].

Allerdings sind entsprechende Gesetzesänderungen, die in der Vergangenheit erworbene Rechtspositionen umgestalten, nur zulässig, „wenn sie durch Gründe des öffentlichen Interesses unter Berücksichtigung des Grundsatzes der Verhältnismäßigkeit gerechtfertigt sind"[150]. Demzufolge muß im Rahmen der verfassungsrechtlichen Beurteilung einer Maßnahme des Gesetzgebers eine Abwägung zwischen dem Ausmaß des Vertrauens-

---

[144] BVerfGE Bd. 58, S. 137 ff. (150); Bd. 58, S. 81 ff. (115).
[145] Siehe BVerfGE Bd. 58, S. 81 ff. (119); Bd. 64, S. 87 ff. (103).
[146] BVerfGE Bd. 36, S. 281 ff. (293); Bd. 58, S. 81 ff. (120 f.); Bd. 64, S. 87 ff. (104); BVerfG in EuGRZ 1985, S. 740 ff. (743).
[147] BVerfGE Bd. 36, S. 281 ff. (293).
[148] BVerfGE Bd. 36, S. 281 ff. (293).
[149] BVerfGE Bd. 36, S. 281 ff. (293).
[150] BVerfGE Bd. 58, S. 81 ff. (121); damit handelt es sich bei diesem Kontrollmaßstab letztlich um eine spezifische Ausprägung des Verhältnismäßigkeitsgrundsatzes, so BVerwG in Buchholz 430.4, Berufsständisches Versorgungsrecht, Nr. 8.

2. Der Schutz von Rentenansprüchen und -anwartschaften

schadens für den einzelnen und der Bedeutung des gesetzlichen Anliegens für das Wohl der Allgemeinheit vorgenommen werden[151].

Damit ist auch hier wieder – wie bereits in Zusammenhang mit der Beachtung des Verhältnismäßigkeitsgrundsatzes – die jeweilige Einzelfallabwägung zwischen den konkreten Auswirkungen einer gesetzgeberischen Maßnahme für die Betroffenen und den mit dem Eingriff verbundenen Zielen für die verfassungsrechtliche Prüfung maßgebend, wobei für diese Bewertung allgemeine Leitlinien aus der Rechtsprechung des Verfassungsgerichts entnommen werden können.

So ist nach Auffassung des Gerichts für den Bereich der Sozialversicherung davon auszugehen, daß der Gesetzgeber aus Gründen des Allgemeinwohls Neuregelungen treffen können muß, die sich den jeweiligen Erfordernissen anpassen[152]. Im Hinblick auf die gesetzliche Rentenversicherung wird betont, daß diese Solidargemeinschaft im Laufe der Zeit vielfachen Änderungen unterliegt, bedingt durch Veränderungen der Wirtschaftslage oder auch des Verhältnisses zwischen Rentnern und Beitragszahlern[153]. Deshalb müssen die Angehörigen eines solchen Sicherungssystems mit den daraus resultierenden Chancen auch dessen Risiken tragen[154].

Dem Eingriffsgrund der Aufrechterhaltung der Funktions- und Leistungsfähigkeit der gesetzlichen Rentenversicherung mißt das Bundesverfassungsgericht einen hohen Wert zu[155], so daß das Vertrauen auf den zukünftig unveränderten Bestand erworbener Rechtspositionen als Eingriffsschranke für den Gesetzgeber in der bisherigen Rechtsprechung des Gerichts keine wesentliche Bedeutung erlangt hat[156].

Schließlich ist noch darauf hinzuweisen, daß das Verfassungsgericht insofern von einer „Stufung" des Vertrauensschutzes ausgeht, als ein Vertrauen in eine bestimmte Rechtslage um so weniger enttäuscht werden darf, wenn

---

[151] BVerfGE Bd. 58, S. 81 ff. (121); Bd. 64, S. 87 ff. (104); BVerfG in EuGRZ 1985, S. 740 ff. (743).
[152] BVerfGE Bd. 24, S. 220 ff. (230); Bd. 51, S. 356 ff. (363).
[153] BVerfGE Bd. 58, S. 81 ff. (123).
[154] BVerfGE Bd. 58, S. 81 ff. (123); Bd. 64, S. 87 ff. (105); BVerfG in DVBl 1985, S. 1015 ff. (1020).
[155] BVerfGE Bd. 58, S. 81 ff. (119); Bd. 64, S. 87 ff. (103).
[156] Siehe dazu die Entscheidungen BVerfGE Bd. 58, S. 81 ff. (120 ff.) sowie Bd. 64, S. 87 ff. (104). Eine Ausnahme stellt insoweit die Entscheidung des BVerfG vom 9. 10. 1985 dar, wo das Gericht unter dem Gesichtspunkt des Vertrauensschutzes einen Verstoß gegen Art. 14 GG bejaht hat (siehe in EuGRZ 1985, S. 740 ff.). Hierbei handelt es sich allerdings insofern um einen Sonderfall, als das Gericht über den Vertrauensschutz für Versicherte zu entscheiden hatte, die in der gesetzlichen Rentenversicherung freiwillig eine Pflichtversicherung (sogenannte Pflichtversicherung auf Antrag, siehe § 2 I Nr. 11 AVG) aufgenommen hatten, wozu sie vor allem durch eine auf diesen Personenkreis zugeschnittene günstige Bewertung der sogenannten Ausbildungs-Ausfallzeiten bewegt worden waren, die der Gesetzgeber jedoch bereits kurze Zeit später erheblich abwertete.

III. Der verfassungsrechtliche Schutz in der BR Deutschland

der Rechtsinhaber dadurch gegenüber Risiken des Lebens in eine wesentlich ungünstigere Lage gerät, die er aus eigener Kraft nicht mehr bewältigen kann[157]. Dies bedeutet im Hinblick auf Rentenansprüche und -anwartschaften, daß erstere unter dem Gesichtspunkt des Vertrauensgrundsatzes einen relativ hohen Schutz genießen, während letztere, zumindest in einem relativ frühen Stadium der „Anwartschaftszeit", kaum eine Barriere für den Gesetzgeber unter Vertrauensgesichtspunkten darstellen können, da – wie vom Bundesverfassungsgericht betont wird – in der Anwartschaft selbst Veränderungen von vornherein angelegt sind[158].

c) Verfassungsrechtlicher Schutz auf der Grundlage des aus dem Rechtsstaatsprinzip (Art. 20 III GG) abgeleiteten allgemeinen Vertrauensschutzes

Zu den wesentlichen Elementen des in Art. 20 III GG niedergelegten Rechtsstaatsprinzips zählt auch die Rechtssicherheit, mit der gewährleistet werden soll, daß der Staatsbürger die ihm gegenüber möglichen staatlichen Eingriffe voraussehen und sich dementsprechend einrichten kann[159]. Insoweit bedeutet Rechtssicherheit für den einzelnen Bürger in erster Linie Vertrauensschutz gegenüber staatlichem Handeln[160], was unter anderem auch das Vertrauen in den Bestand einer gegenwärtigen Gesetzeslage meint[161].

Hiervon ausgehend werden dem Gesetzgeber durch den Grundsatz des Vertrauensschutzes Beschränkungen im Hinblick auf den Erlaß rückwirkender Gesetze auferlegt[162], das heißt bezüglich solcher Gesetze, mit denen der Gesetzgeber nachträglich ändernd in bereits abgeschlossene, der Vergangenheit angehörende Tatbestände eingreift (sogenannte echte Rückwirkung)[163] oder aber auf gegenwärtige, noch nicht abgeschlossene Sachverhalte für die Zukunft einwirkt und dadurch eine in der Vergangenheit entstandene Rechtsposition nachträglich entwertet (sogenannte unechte Rückwirkung)[164].

---

[157] So allgemein zum Bereich der Sozialversicherung unter Ableitung aus dem Sozialstaatsprinzip BVerfGE Bd. 40, S. 65 ff. (76). Zu dem eng mit der Frage des Vertrauensschutzes zusammenhängenden Problem der Notwendigkeit von Übergangsregelungen bei der Umgestaltung von Rentenpositionen siehe Ossenbühl (Anm. 104), S. 104 sowie das Sondervotum von Benda / Katzenstein in BVerfGE Bd. 58, S. 81 ff. (129 ff.).

[158] BVerfGE Bd. 22, S. 241 ff. (253), unter Hinweis auf den Charakter der Sozialversicherung, „die auf dem Prinzip der Solidarität und des sozialen Ausgleichs beruht" (S. 253).

[159] BVerfGE Bd. 25, S. 269 ff. (290); Bd. 30, S. 367 ff. (386).

[160] BVerfGE Bd. 25, S. 269 ff. (290); Bd. 30, S. 367 ff. (386).

[161] Ossenbühl, DÖV 1972, S. 25 ff. (29 f.).

[162] Herzog, in: Maunz / Dürig / Herzog, Komm. z. GG, Art. 20, VII, Rdn. 65; Ossenbühl, DÖV 1972, S. 25 ff. (32 f.).

[163] Herzog, in: Maunz / Dürig / Herzog, Komm. z. GG, Art. 20, VII, Rdn. 68.

2. Der Schutz von Rentenansprüchen und -anwartschaften

Dem aus dem Rechtsstaatsprinzip abgeleiteten allgemeinen Vertrauensschutz kommt jedoch neben dem verfassungsrechtlich gewährleisteten Eigentumsschutz keine selbständige Bedeutung zu, soweit die von Gesetzesänderungen betroffenen Rechtspositionen in den Schutzbereich von Art. 14 I GG fallen[165]. Insoweit besteht nämlich die Funktion der Eigentumsgarantie gerade darin, dem Bürger Rechtssicherheit hinsichtlich der durch Art. 14 I GG geschützten Güter zu gewährleisten und das Vertrauen auf das durch die verfassungsmäßigen Gesetze ausgeformte Eigentum zu schützen[166]. Damit hat der rechtsstaatliche Grundsatz des Vertrauensschutzes für die vermögenswerten Güter in Art. 14 GG eine eigene Ausprägung und verfassungsrechtliche Ordnung erfahren[167].

Kann damit dem allgemeinen Vertrauensschutzgrundsatz im Hinblick auf den verfassungsrechtlichen Schutz von Rentenansprüchen und -anwartschaften keine eigenständige Bedeutung beigemessen werden, so ist dies allerdings dann der Fall, soweit Rechtspositionen nicht von dem Eigentumsschutz des Art. 14 GG erfaßt werden.

In Zusammenhang mit der vorliegenden Fragestellung nach dem verfassungsrechtlichen Schutz von Rentenansprüchen und -anwartschaften ist insoweit allein von Bedeutung, daß es das Bundesverfassungsgericht bis heute offen gelassen hat, ob zu diesen durch Art. 14 GG geschützten Rechtspositionen auch die Anpassung der Bestandsrenten zu rechnen ist[168].

Soweit man dies bejaht, sind entsprechende Eingriffe des Gesetzgebers an Art. 14 GG und den hierzu im Hinblick auf den Vertrauensschutz entwickelten Maßstäben zu messen[169].

Soweit man die Anpassung als in Zusammenhang mit den Rentenansprüchen eigentumsgeschützte Rechtsstellung ablehnt, muß für die verfassungsrechtliche Überprüfung entsprechender gesetzlicher Maßnahmen mit

---

[164] BVerfGE Bd. 25, S. 269 ff. (290); während für Gesetze mit echter Rückwirkung wegen Verstoßes gegen das Prinzip der Rechtssicherheit grundsätzlich von deren Nichtigkeit ausgegangen wird (Leibholz / Rinck / Hesselberger, Komm. z. GG, Art. 20, III D, Anm. 42), ist der Gestaltungsspielraum des Gesetzgebers im Bereich unechter Rückwirkung sehr viel größer und die Frage der verfassungsrechtlichen Zulässigkeit entsprechender Gesetze bedarf einer Abwägung zwischen dem Vertrauen des einzelnen in den Fortbestand einer bestimmten gesetzlichen Regelung einerseits und der Bedeutung des gesetzgeberischen Anliegens für das Wohl der Allgemeinheit andererseits (BVerfGE Bd. 04, S. 07 ff. (104); BVerfG in DVBl 1985, S. 1015 ff (1019)).
[165] BVerfGE Bd. 45, S. 142 ff. (168).
[166] BVerfGE Bd. 36, S. 281 ff. (293).
[167] BVerfGE Bd. 36, S. 281 ff. (293); Bd. 45, S. 142 ff. (168); Bd. 64, S. 87 ff. (104); Bd. 58, S. 81 ff. (120); BVerfG in EuGRZ 1985, S. 740 ff. (743); siehe auch schon oben unter b (2) (c).
[168] Siehe die Anpassungs-Entscheidung des BVerfG in Bd. 64, S. 87 ff. (insbes. S. 97 f. und die dortigen Literaturnachweise).
[169] Siehe dazu oben unter b (2).

unechter Rückwirkung¹⁷⁰ auf den allgemeinen Vertrauensgrundsatz zurückgegriffen werden¹⁷¹.

Nach beiden in Betracht kommenden Maßstäben – Vertrauensschutz auf der Grundlage von Art. 14 GG, allgemeiner rechtsstaatlicher Vertrauensschutz – ist für die verfassungsrechtliche Zulässigkeit gesetzlicher Eingriffe zwischen dem Ausmaß des Vertrauensschadens des Einzelnen und der Bedeutung des gesetzlichen Anliegens für das Wohl der Allgemeinheit abzuwägen¹⁷². Insoweit kann auf die entsprechenden Ausführungen zu Art. 14 GG verwiesen werden¹⁷³.

d) Verfassungsrechtlicher Schutz auf der Grundlage des Sozialstaatsprinzips (Art. 20 I GG)

Bei dem aus Art. 20 I GG: „Die Bundesrepublik Deutschland ist ein demokratischer und sozialer Bundesstaat." abgeleiteten Sozialstaatsprinzip handelt es sich in erster Linie um einen Gestaltungsauftrag an den Gesetzgeber, für einen Ausgleich der sozialen Gegensätze und somit eine gerechte Sozialordnung zu sorgen¹⁷⁴. Kraft dieses Prinzips wird der Gesetzgeber verpflichtet und zugleich legitimiert, bestimmte sozialstaatliche Aufgaben wahrzunehmen. Aus diesem Verfassungsgrundsatz lassen sich jedoch keine individuellen Ansprüche auf ein bestimmtes Handeln des Gesetzgebers ableiten¹⁷⁵, dem Prinzip kommt unmittelbar und für sich allein keine anspruchs- oder rechtsbegründende Wirkung zu¹⁷⁶.

Demzufolge scheidet das Sozialstaatsprinzip als selbständige Grundlage für einen verfassungsrechtlichen Schutz der hier in Frage stehenden Rechtspositionen gegen gesetzgeberische Eingriffe aus¹⁷⁷. Damit ist allerdings nicht ausgeschlossen, daß das Sozialstaatsprinzip als Auslegungskrite-

---

¹⁷⁰ Nach der obigen Definition kann es sich bei anpassungsändernden Gesetzen allein um unecht rückwirkende Gesetze handeln.
¹⁷¹ BVerfGE Bd. 64, S. 87 ff. (104).
¹⁷² BVerfGE Bd. 64, S. 87 ff. (104).
¹⁷³ Siehe oben unter b (2) (c).
¹⁷⁴ Leibholz / Rinck / Hesselberger, Komm. z. GG, Art. 20, Rdn. 12; nach Stober, SdDSRV, Bd. XXIII (1982), S. 9 ff. (13) ist das Sozialstaatsprinzip als Ersatz für eine Sozialverfassung in das Grundgesetz aufgenommen worden.
¹⁷⁵ Hesse (Anm. 95), Rdn. 213.
¹⁷⁶ Stober, SdDSRV, Bd. XXIII (1982), S. 9 ff. (13); siehe auch v. Maydell, Das Sozialrecht in der Rechtsprechung des Bundesverwaltungsgerichts, in: Festgabe aus Anlaß des 25-jährigen Bestehens des Bundesverwaltungsgerichts, 1978, S. 405 ff. (409 f.).
¹⁷⁷ Unger, ZfS 1985, S. 225 ff. (226); davon zu unterscheiden ist die Frage, inwieweit sich aus dem Sozialstaatsprinzip i.V.m. dem Gleichheitssatz (Art. 3 I GG) bestimmte Ansprüche auf staatliche Leistungen ergeben können, siehe dazu Bley (Anm. 2), S. 50.

rium¹⁷⁸ Leitlinien für die verfassungsrechtliche Beurteilung legislatorischer Eingriffsmaßnahmen geben kann¹⁷⁹.

e) Verfassungsrechtlicher Schutz auf der Grundlage des Gleichheitsgrundsatzes (Art. 3 I GG)

Der in Art. 3 I GG: „Alle Menschen sind vor dem Gesetz gleich." enthaltene Gleichheitsgrundsatz bindet den Gesetzgeber dahingehend, weder wesentlich gleiches willkürlich ungleich noch wesentlich ungleiches willkürlich gleich zu behandeln¹⁸⁰. Ein Verstoß gegen diesen Verfassungsgrundsatz kommt nur dann in Betracht, „wenn der Gesetzgeber versäumt, tatsächliche Gleichheiten oder Ungleichheiten der zu ordnenden Lebensverhältnisse zu berücksichtigen, die so bedeutsam sind, daß sie bei einer am Gerechtigkeitsgedanken orientierten Betrachtungsweise beachtet werden müssen"¹⁸¹.

Wenn dieser verfassungsrechtliche Prüfungsmaßstab in der Rechtsprechung des Bundesverfassungsgerichts auch vielfach im Hinblick auf die Zulässigkeit von Gesetzen herangezogen wird, welche Rentenansprüche und -anwartschaften gestalten¹⁸², so ist doch darauf hinzuweisen, daß sich die Meßelle des Gleichheitsgrundsatzes in der Gewährleistung eines „relativen Schutzes", bezogen auf die gesetzgeberische Behandlung anderer Personen (-gruppen) innerhalb oder auch außerhalb der gesetzlichen Rentenversicherung, erschöpft. Hingegen kann sie keine Grundlage dafür darstellen, die Legislativmaßnahme als solche, das heißt als Eingriff in Rentenansprüche und -anwartschaften, verfassungsrechtlich zu begrenzen¹⁸³.

---

¹⁷⁸ Zacher, AöR Bd. 93 (1968), S. 341 ff. (368); BVerfGE Bd. 1, S. 97 ff. (105); Unger, ZfS 1985, S. 225 ff. (226).
¹⁷⁹ Siehe z. B. oben Anm. 157.
¹⁸⁰ BVerfGE Bd. 50, S. 177 ff. (186).
¹⁸¹ So die ständige Rechtsprechung des BVerfG, siehe nur Bd. 58, S. 81 ff. (126); zur Anwendung des Gleichheitssatzes in der Rechtsprechung des BVerfG siehe Zacher, AöR Bd. 93 (1968), S. 341 ff. (insbes. S. 344 ff.).
¹⁸² Siehe nur BVerfGE Bd. 53, S. 257 ff. (299); Bd. 58, S. 81 ff. (126); Bd. 64, S. 87 ff. (107).
¹⁸³ Siehe auch Unger, ZfS 1985, S. 225 ff. (226): „Als Argumentationstopos gegen zukünftige Kürzungen von Renten gibt Art. 3 GG ... nicht viel her."

IV. Schutz von Rentenansprüchen und -anwartschaften im Rahmen der Europäischen Konvention zum Schutze der Menschenrechte und Grundfreiheiten (EMRK)

1. Bedeutung der EMRK

Bei der EMRK handelt es sich um einen völkerrechtlichen Vertrag[1], in welchem gemäß der Bestimmung des Art. 1 EMRK die Vertragsstaaten allen ihrer Herrschaftsgewalt unterstehenden Personen die in Abschnitt I dieser Konvention niedergelegten Rechte und Freiheiten zusichern. Zu dieser Gewährleistung der in Art. 2 bis 18 EMRK bestimmten Rechte und Freiheiten kommen die Rechte aus den Zusatzprotokollen hinzu[2].

Die in der Konvention sowie den Zusatzprotokollen enthaltenen Menschenrechte und Grundfreiheiten binden nicht nur die Vertragsstaaten, sondern berechtigen die unter den Geltungsbereich der Konvention fallenden Individuen unmittelbar[3].

Zu den Vertragsstaaten der EMRK gehören auch Italien sowie die Bundesrepublik Deutschland, wobei der Konvention in beiden Staaten der Rang eines innerstaatlichen Gesetzes zukommt[4]. Mithin kann die Frage untersucht werden, inwieweit Rentenansprüche und -anwartschaften, die im Rahmen der jeweiligen Rentenpflichtversicherungssysteme bestehen, unter Umständen auch durch in der EMRK niedergelegte Gewährleistungen gegenüber gesetzgeberischen Eingriffen geschützt sind.

Als Schutzgrundlagen kommen insoweit – da die Konvention nicht die Gewährleistung eines Rechts auf Altersrente als solche enthält[5] – zum einen Art. 1 des Ersten Zusatzprotokolls zur Konvention zum Schutze der Menschenrechte und Grundfreiheiten (ZP, Gewährleistung des Eigentums) in

---

[1] Frowein, in: Frowein / Peukert, EMRK-Komm., Einf., Rdn. 4.
[2] Frowein, in: Frowein / Peukert, EMRK-Komm., Art. 1, Rdn. 1.
[3] Partsch, Die Rechte und Freiheiten der europäischen Menschenrechtskonvention, 1966, S. 96; Frowein, in: Frowein / Peukert, EMRK-Komm., Einf., Rdn. 5.
[4] Frowein, in: Frowein / Peukert, EMRK-Komm., Einf., Rdn. 6; Partsch (Anm. 3), S. 46; siehe auch Astuti, EuGRZ 1981, S. 77 ff. (77) zu Italien. In Italien ist die Konvention durch Gesetz Nr. 848 vom 4. 8. 1955 transformiert worden (dazu Pizzorusso, Lezioni di diritto costituzionale, 1981, S. 214), während dies in der Bundesrepublik Deutschland durch Zustimmungsgesetz vom 7. 8. 1952 (BGBl 1952 II S. 685) geschehen ist.
[5] Kommission in DR Bd. 3, S. 25 ff. (31).

2. Der Schutz durch Art. 1 ZP (Eigentum)   85

Betracht, zum anderen das in Art. 14 EMRK bestimmte Diskriminierungsverbot i.V.m. Art. 1 ZP.

2. Schutz von Rentenansprüchen und -anwartschaften auf der Grundlage von Art. 1 ZP

a) Überblick

Die Gewährleistung der zu den klassischen Menschenrechten gezählten Achtung des Eigentums[6] konnte wegen unterschiedlicher Auffassungen der Mitglieder der Beratenden Versammlung des Europarates nicht sofort in die am 4. 11. 1950 unterzeichnete Hauptkonvention einbezogen werden, sondern wurde erst durch das am 20. 3. 1952 unterzeichnete und am 18. 5. 1954 in Kraft getretene[7] Erste Zusatzprotokoll (ZP) in den Kreis der durch die Konvention garantierten Rechte aufgenommen[8]. Die in Art. 1 ZP enthaltene Eigentumsgarantie[9] ist nach der Rechtsprechung des Europäischen Gerichtshofes für Menschenrechte (EGMR) in drei unterschiedliche Normen strukturiert: den in Absatz I S. 1 zum Ausdruck gebrachten Grundsatz der Achtung des Eigentums[10], die in Absatz I S. 2 enthaltene Ermächtigung zum Entzug des Eigentums unter bestimmten Voraussetzungen sowie die in Absatz II anerkannte Berechtigung der einzelnen Staaten, die Benutzung des Eigentums im Rahmen der dort genannten Anforderungen zu regeln[11].

Dementsprechend ist im folgenden zunächst zu erörtern, inwieweit Rentenansprüche und -anwartschaften als Eigentum im Sinne von Art. 1 I S. 1 ZP eingeordnet werden können[12], sodann sind im Falle der Bejahung die Voraussetzungen und der Umfang gesetzgeberischer Gestaltungs-/Eingriffsbefugnis in solcherart geschützte Rechtspositionen zu untersuchen[13].

---

[6] Peukert, in: Frowein / Peukert, EMRK-Komm., Art. 1 ZP, Rdn. 1; zur Bedeutung des Eigentums als Menschenrecht siehe Schwartländer, Das „freie Eigentum" und seine menschenrechtliche Bedeutung, in: Schwartländer / Willoweit, Das Recht des Menschen auf Eigentum, 1983, S. 83 ff.

[7] Jacobs, The European Convention on Human Rights, 1975, S. 164.

[8] Art. 5 ZP legt fest, daß die Bestimmungen der Art. 1, 2, 3 und 4 dieses Protokolls als Zusatzartikel zur Konvention gelten und dementsprechend alle Vorschriften der Konvention anzuwenden sind; zur Entstehungsgeschichte des Art. 1 ZP siehe im einzelnen Peukert, EuGRZ 1981, S. 97 ff. (97 ff.).

[9] Siehe EGMR (Fall Sporrong / Lönnroth), EuGRZ 1983, S. 523 ff. (524, Nr. 57).

[10] Zur Interpretation der Formulierung eines Rechts auf „Achtung des Eigentums" im Gegensatz zu einem „Recht auf Eigentum" siehe Raiser, Eigentum als Recht des Menschen, in: Schwartländer / Willoweit, Das Recht des Menschen auf Eigentum, 1983, S. 121 ff. (124 f.).

[11] So der EGMR (Fall Sporrong / Lönnroth), EuGRZ 1983, S. 523 ff. (525, Nr. 61).

[12] Dazu unter b.

[13] Dazu unter c.

b) Rentenansprüche und -anwartschaften als Eigentum im Sinne von Art. 1 I S. 1 ZP

(1) Kriterien für eine Einbeziehung in den Eigentumsschutz

Die in Art. 1 I S. 1 ZP enthaltene Eigentumsgarantie ist in einem weiten Sinne zu verstehen, was vor allem aus den in den authentischen englischen und französischen Texten nebeneinander verwendeten Begriffen „property", „possessions", „propriété" und „biens" gefolgert wird[14].

Von der aus diesen Begriffen zu entnehmenden Gewährleistung des Eigentums[15] wird deshalb nicht nur privatrechtliches Eigentum im sachenrechtlichen Sinne umfaßt, und zwar sowohl bewegliches als auch unbewegliches Vermögen[16], Gegenstand der Eigentumsgarantie können vielmehr z. B. auch immaterielle Güterrechte sowie Forderungsrechte sein[17].

Inwieweit neben privatrechtlichen Vermögenspositionen auch öffentlich-rechtlich begründete Rechtsstellungen und insbesondere die hier in Frage stehenden öffentlich-rechtlichen Rentenansprüche und -anwartschaften Gegenstand der in Art. 1 I S. 1 ZP gewährleisteten Eigentumsgarantie sein können, ist bis heute von den Konventionsorganen nicht abschließend entschieden. Jedoch hat die Europäische Kommission für Menschenrechte (Kommission) in einer Reihe von Entscheidungen bzw. Berichten[18] Kriterien entwickelt, die nach ihrer Auffassung für eine Unterstellung dieser Rechtspositionen unter Art. 1 I S. 1 ZP von maßgebender Bedeutung sind, ohne aber in den jeweiligen Fällen eine definitive Entscheidung getroffen zu haben[19].

Insoweit geht die Kommission – wie sich aus den einschlägigen Stellungnahmen in ständig wiederkehrender Formulierung entnehmen läßt – davon aus, daß „the making of compulsory contributions to a pension fund may, in certain circumstances, create a property right in a portion of such a fund and that such right might be affected by the manner in which the fund is

---

[14] Siehe Partsch (Anm. 3), S. 227, der insoweit von einer „offenbar bewußt lockeren Bezeichnung des Gegenstandes der Garantie" spricht; Peukert, EuGRZ 1981, S. 97 ff. (99).

[15] So der EGMR (Marckx-Fall), EuGRZ 1979, S. 454 ff. (461, Nr. 63).

[16] Kommission in DR Bd. 13, S. 40 ff. (46).

[17] Peukert, in: Frowein / Peukert, EMRK-Komm., Art.1 ZP, Rdn. 5; Partsch (Anm. 3), S. 227; für privatrechtliche Forderungsrechte hat die Kommission dies z. B. in DR Bd. 14, S. 146 ff. (168) ausgesprochen.

[18] Siehe Art. 27 und 31 EMRK.

[19] In den einschlägigen Fallkonstellationen bedurfte es nach Ansicht der Kommission nicht einer solchen Entscheidung, da entweder von vornherein eine Einbeziehung in den Eigentumsschutz nicht in Betracht kam (so z. B. in Yb Bd. 14, S. 224 ff. (238 ff.)) oder aber – den Eigentumsschutz unterstellt – diesbezügliche Eingriffe als gerechtfertigt angesehen wurden (z. B. in DR Bd. 3, S. 25 ff. (31 ff.)).

distributed"[20], bzw. – wie die Kommission auch ausführt – daß „the fact of having contributed to a social security system may, in some cases, give rise to a right protected by Article 1 of the First Protocol"[21].

Die Kommission knüpft also mit diesen Formulierungen für die Unterstellung von Rentenpositionen unter Art. 1 I S. 1 ZP an die Leistung von Beiträgen im Rahmen eines Pflichtversicherungssystems (bzw. zu einem „Rentenfonds") an, macht aber zugleich deutlich, daß die Beitragsleistung als solche für die Einbeziehung nicht ausreichend sein soll, sondern damit nur in „certain circumstances" oder auch „some cases" die Begründung eines Eigentumsrechts bezogen auf einen Anteil an dem jeweiligen Fonds in Betracht gezogen werden kann[22].

Welche bestimmten Umstände bzw. weiteren Voraussetzungen die Kommission damit meint, hat sie in einer insoweit grundlegenden Entscheidung spezifiziert, in welcher sie zu prüfen hatte, inwieweit im Rahmen des niederländischen Sozialversicherungssystems auf der Grundlage des General Old-Age Pensions Act von 1957 und des General Widows' und Orphans' Pensions Act von 1959 gewährte Rentenleistungen als Eigentumsrechte im Sinne von Art. 1 I S. 1 ZP anerkannt werden können[23].

Die für die von der Kommission zu entscheidende Frage des Eigentumscharakters wesentliche Struktur dieses Alterssicherungssystems bestand darin, daß jeder Versicherte einkommensbezogene Beiträge zu zahlen hatte, deren Höhe durch einen bestimmten Vomhundertsatz für eine jeweils begrenzte Periode festgelegt wurde. Maßgebend für die Höhe dieses Vomhundertsatzes war – in Zusammenhang mit der Verwendung eines Umlagefinanzierungsverfahrens[24] – die Deckung der in der jeweiligen Periode anfallenden Ausgaben[25]. Mit Erfüllung der für eine Altersrente maßgebenden Voraussetzungen sowie dem Erreichen der festgelegten Altersgrenze konnte eine für alle Versicherten gleich hohe Rentenleistung beansprucht werden, unabhängig von der Höhe der gezahlten Beiträge[26], wobei die Rentenleistungen unter Anknüpfung an den für die Periode der Leistungserbringung maßgebenden Lohnindex erbracht wurden[27].

Von dieser Struktur des niederländischen Alterssicherungssystems ausgehend lehnte die Kommission den Eigentumscharakter der Rentenleistungen

---
[20] So die Kommission in Yb Bd. 14, S. 224 ff. (241 f.); DR Bd. 3, S. 25 ff. (31); DR Bd. 15, S. 198 ff. (200); DR Bd. 19, S. 100 ff. (104).
[21] DR Bd. 11, S. 114 ff. (115).
[22] Siehe die Nachweise oben in Anm. 20 und 21.
[23] Siehe zum Sachverhalt Yb Bd. 14, S. 224 ff. (224 ff.).
[24] Zu diesem Finanzierungsverfahren siehe oben unter II 1 e und III 1 e.
[25] Yb Bd. 14, S. 224 ff. (232, 242 ff.).
[26] Yb Bd. 14, S. 224 ff. (232).
[27] Yb Bd. 14, S. 224 ff. (244).

mit der Begründung ab, es fehle in diesem auf dem Solidaritätsprinzip beruhenden Alterssicherungssystem an einer Verbindung zwischen den aufgewendeten Beiträgen und den gewährten Rentenleistungen in dem Sinne, als die von den Versicherten gezahlten Beiträge nicht mit dem Ziel angesammelt würden, die später bei Erreichen der Altersgrenze zufließenden Rentenleistungen zu decken[28]. Deshalb hätten die versicherten Personen zu keinem Zeitpunkt einen beanspruchbaren, identifizierbaren Anteil am Rentenfonds[29].

Essenz dieser Kommissions-Entscheidung für die hier zu untersuchende Frage der Voraussetzungen für die Bejahung des Eigentumscharakters von Rentenansprüchen und -anwartschaften ist der Gesichtspunkt, daß nach Auffassung des Konventionsorgans Beitragsleistungen als solche dafür nicht ausreichen, sondern diese vielmehr in einem derartigen Zusammenhang mit den später zu beanspruchenden Rentenleistungen stehen müssen, daß dem einzelnen Versicherten zu jeder Zeit ein identifizierbarer Anteil am Rentenfonds zugeordnet werden kann[30].

Eine weitere Präzisierung der „certain circumstances", unter denen nach Auffassung der Kommission eine Einbeziehung von rentenrechtlichen Positionen in den Eigentumsschutz allein in Betracht kommen kann, ergibt sich aus der Kommissions-Entscheidung vom 5. 10. 1977[31], in welcher sich das Konventionsorgan mit der Beschwerde eines italienischen Staatsbürgers befaßte, der aus dem öffentlichen Dienst wegen einer strafrechtlichen Verurteilung entlassen worden war und geltend machte, daß ihm damit auch sein eigentumsgeschütztes Recht auf eine Altersversorgung entzogen worden sei[32].

In dieser Entscheidung stellte die Kommission klar, daß unter dem möglicherweise eigentumsgeschützten Recht auf eine Rentenleistung die Berechtigung zu verstehen sei, zum vorgesehenen Zeitpunkt Nutzen aus der Alterssicherungseinrichtung zu ziehen[33]. Ein eigentumsgeschütztes Recht liege aber auf keinen Fall vor, wenn die zum Erwerb der Berechtigung auf-

---

[28] Yb Bd. 14, S. 224 ff. (244).
[29] Yb Bd. 14, S. 224 ff. (244).
[30] Mit der Bedingung der „Anteilsidentifizierbarkeit" setzt die Kommission nicht eine im Wege des Kapitaldeckungsverfahrens finanzierte Rentenleistung voraus, wie man aus der Formulierung „the amounts paid by the insured person are accumulated with a view to covering the pension benefits accruing to him when reaching pensionable age" (siehe Yb Bd. 14, S. 224 ff. (244)) entnehmen könnte. Dies folgt insbesondere daraus, daß die Kommission nicht eine bestimmte Summe als eigentumsgeschützt ansieht (DR Bd. 19, S. 100 ff. (104)), was aber bei einer im Kapitaldeckungsverfahren finanzierten Rente, wie in der Privatversicherung üblich, unausweichliche Konsequenz wäre.
[31] DR Bd. 11, S. 114 ff.
[32] DR Bd. 11, S. 114 ff. (115 f.).
[33] DR Bd. 11, S. 114 ff. (115 f.).

2. Der Schutz durch Art. 1 ZP (Eigentum)

gestellten Mindestvoraussetzungen nicht erfüllt würden wie in dem gegebenen Fall, wo das für eine Altersversorgung erforderliche Dienstalter wegen vorzeitiger Entlassung nicht ereicht wurde[34]. Aus diesem Grunde schloß die Kommission im konkreten Fall die Anwendbarkeit von Art. 1 I S. 1 ZP aus.

Damit lassen sich die von der Kommission aufgestellten Voraussetzungen, unter denen eine Einbeziehung von Rentenansprüchen und -anwartschaften in den Schutzbereich von Art. 1 I S. 1 ZP in Betracht gezogen werden kann, dahin zusammenfassen, daß

- die jeweilige Rentenposition auf einer eigenen Leistung in Form von Beiträgen beruhen muß,

- die Eigenleistung zumindest in einer solchen Verbindung zur beanspruchten Rentenleistung steht, daß dem einzelnen Versicherten ein identifizierbarer Anteil am Rentenfonds, oder allgemeiner, an den zur Verfügung stehenden Geldmitteln zugeordnet werden kann und

- die von dem jeweiligen Alterssicherungssystem aufgestellten Mindestvoraussetzungen zum Erwerb eines Anrechts erfüllt werden.

Eine Einbeziehung in den Eigentumsschutz kann danach in Betracht gezogen werden für Rentenansprüche nach Eintritt des Versicherungsfalles sowie für solche Rentenanwartschaften, deren Umwandlung zum „Vollrecht" allein noch von dem Erreichen der Altersgrenze abhängig ist[35].

Wie bereits an anderer Stelle ausgeführt[36], ist Gegenstand eines unter diesen Voraussetzungen denkbaren Eigentumsschutzes nur ein individualisierbarer Anteil am Rentenfonds[37], nicht eigentumsmäßig geschützt ist hin-

---

[34] DR Bd. 11, S. 114 ff. (116).
[35] Peukert, in: Frowein / Peukert, EMRK-Komm., Art. 1 ZP, der sich für einen Eigentumsschutz von Sozialversicherungsrenten „im Interesse eines einheitlichen, wirksamen Menschenrechtsschutzes" einsetzt (Rdn. 17), spricht von „gesicherter Anwartschaft" (Rdn. 10), ohne allerdings diesen Begriff näher zu konkretisieren; siehe auch Peukert, EuGRZ 1981, S. 97 ff. (insbes. S. 100 f.); für einen Eigentumsschutz begrenzt auf den Fall, daß die Rentenhöhe direkt auf den Betrag der Beiträge bezogen ist, Jacobs (Anm. 7), S. 168; siehe auch Nedjati, Human Rights under the European Convention, 1978, S. 218. Interessant sind in Zusammenhang mit der hier bejahten Einordnung unter den Eigentumsschutz zwei Urteile des EGMR vom 29. 5. 1986, zum einen die Sache Feldbrugge gegen die Niederlande (Série A, Bd. 99), zum anderen Deumeland gegen die Bundesrepublik Deutschland (Série A, Bd. 100). In beiden Fällen ging es um die Frage der Anwendbarkeit von Art. 6 I EMRK auf sozialversicherungsrechtliche Streitigkeiten, wofür zu klären war, ob sozialversicherungsrechtliche Ansprüche als „zivilrechtliche Ansprüche" im Sinne von Art. 6 I EMRK anzusehen sind. Angesichts dessen, daß der EGMR diese Frage bejaht hat, kann hierin zumindest ein Indiz gesehen werden, daß das Gericht öffentlich-rechtlich gegründete Ansprüche, die privatrechtlichen Positionen funktional vergleichbar sind, in den Eigentumsschutz des Art. 1 ZP einbeziehen würde.
[36] Siehe oben, insbes. Anm. 30.
[37] Siehe die oben zitierte Standardformel der Kommission und die Nachweise in Anm. 20.

gegen der Anspruch auf eine bestimmte Summe[38]. Begründet wird dies von der Kommission mit der gegenüber der Privatversicherung besonderen Struktur der Sozialversicherung, die im Hinblick auf ihre öffentliche Bedeutung politischen Erwägungen Rechnung tragen muß[39].

(2) Einordnung der im Rahmen des italienischen und deutschen Rentenversicherungssystems bestehenden Rentenansprüche und -anwartschaften

Gemessen an den oben dargestellten Voraussetzungen können die im Rahmen des italienischen und deutschen Rentenpflichtversicherungssystems bestehenden Rentenansprüche und -anwartschaften, soweit allein noch der Eintritt des Versicherungsfalles aussteht, als im Sinne von Art. 1 I S. 1 ZP eigentumsgeschützte Rechtspositionen angesehen werden.

Insoweit werden in beiden Alterssicherungssystemen die entsprechenden Rechtspositionen (auch) durch eigene Beitragsleistungen finanziert[40].

Für jeden Versicherten läßt sich darüber hinaus im jeweiligen System über die maßgebende Rentenformel[41] ein individualisierbarer Anteil an der zur Verfügung stehenden Verteilungsmasse zuordnen, der auch insofern in Zusammenhang mit den aufgewendeten Beiträgen steht, als die Zahl der jeweils zu berücksichtigenden Beitragsjahre über den Faktor des in beiden Systemen für die Rentenberechnung maßgebenden Steigerungssatzes[42] eine wesentliche Bedeutung für die individuelle Rentenhöhe hat. Mit der im deutschen Pflichtversicherungssystem verwendeten Rentenformel wird dieser Zusammenhang noch dadurch verstärkt, daß der neben dem Steigerungssatz maßgebende Faktor der persönlichen Bemessungsgrundlage[43] zwar einerseits Ausdruck der individuellen Einkommenslage ist, die der Versicherte während des Arbeitslebens eingenommen hat, sich darin aber auch wegen der Vomhundertsatz-Berechnung der Beiträge widerspiegelt, in welchem Umfang der Einzelne während des Arbeitslebens am Beitragsaufkommen teilgehabt hat.

---

[38] So ausdrücklich in DR Bd. 3, S. 25 ff. (31); DR Bd. 15, S. 198 ff. (200).
[39] Siehe dazu noch ausführlicher unter c.
[40] Siehe oben unter II 1 d und III 1 d.
[41] Dazu im einzelnen oben unter II 1 g und III 1 g.
[42] Siehe unter II 1 g und III 1 g.
[43] Dazu unter II 1 g.

2. Der Schutz durch Art. 1 ZP (Eigentum)

c) Gestaltungsbefugnis der Gesetzgeber im Hinblick auf unter Art. 1 I S. 1 ZP fallende Rentenansprüche und -anwartschaften

Grundlage für die Gestaltungsbefugnis der Gesetzgeber von unter die Eigentumsgarantie des Art. 1 I S. 1 ZP fallenden rentenrechtlichen Positionen ist die Regelung des Art. 1 II ZP, wonach dem einzelnen Staat das Recht eingeräumt wird, „diejenigen Gesetze anzuwenden, die er für die Regelung der Benutzung des Eigentums im Einklang mit dem Allgemeininteresse ... für erforderlich hält"[44].

Demnach sind die Staaten/Gesetzgeber trotz der in Art. 1 I S. 1 ZP enthaltenen Eigentumsgarantie zur Gestaltung von eigentumsgeschützten Positionen berechtigt, soweit entsprechende Maßnahmen auf einem die Nutzung regelnden Gesetz beruhen und unter dem Gesichtspunkt des Allgemeininteresses für erforderlich gehalten werden.

Die deshalb für die gesetzgeberische Gestaltungsbefugnis notwendige Voraussetzung, daß eine entsprechende Maßnahme von einem Staat/Gesetzgeber im Einklang mit dem Allgemeininteresse für erforderlich gehalten wird, ist als gegeben anzusehen, wenn Nutzungsregelungen zur Wahrung öffentlicher Belange bzw. zur Verwirklichung politischer Zielsetzungen aus wirtschaftlichen, sozialen oder sonstigen Gründen für notwendig erachtet werden[45]. Damit obliegt dem einzelnen Vertragsstaat die Beurteilung der „Erforderlichkeit" eines Gesetzes allein[46], dem deshalb hinsichtlich der Nutzung bzw. Gestaltung des Eigentums im Rahmen von Art. 1 II ZP ein weiter Beurteilungsspielraum zukommt[47]. Einer Überprüfung durch die Konventionsorgane unterliegen entsprechende Maßnahmen nur im Hinblick auf ihre Gesetzmäßigkeit sowie Zweckmäßigkeit[48].

Der somit den einzelnen Staaten/Gesetzgebern durch Art. 1 II ZP eingeräumte relativ weite Spielraum im Hinblick auf Nutzungsregelungen des Eigentums wird bezüglich der hier speziell zu beurteilenden gesetzgeberischen Gestaltungsbefugnis von Rentenpositionen durch insoweit vorlie-

---

[44] Eine hiervon zu unterscheidende Frage ist die in Art. 1 I S. 2 ZP geregelte Befugnis der Staaten, unter den dort genannten Voraussetzungen Eigentumspositionen zu entziehen. Insoweit handelt es sich dann nicht mehr um die Gestaltungsbefugnis bzw. Nutzungsregelung des Eigentums, sondern um die Frage der Zulässigkeit einer formellen oder faktischen Enteignung von Eigentumsrechten, siehe dazu Peukert, in: Frowein / Peukert, EMRK-Komm., Art. 1 ZP, Rdn. 23; zur Grenze zwischen Nutzungsregelung und Eigentumsentziehung rentenrechtlicher Positionen siehe noch im folgenden.
[45] Siehe Peukert, in: Frowein / Peukert, EMRK-Komm., Art. 1 ZP, Rdn. 39 mit Hinweisen aus der Rechtsprechung.
[46] EGMR (Marckx-Fall), EuGRZ 1979, S. 454 ff. (461, Nr. 64); EGMR (Handyside-Fall), EuGRZ 1977, S. 38 ff. (48, Nr. 62).
[47] Zur Weite des Beurteilungsspielraumes und der nur begrenzten Kontrollbefugnis im Rahmen der EMRK siehe Bleckmann, EuGRZ 1979, S. 485 ff.
[48] EGMR (Handyside-Fall), EuGRZ 1977, S. 38 ff. (49, Nr. 62).

gende Stellungnahmen der Kommission bestätigt, aus denen sich entsprechende Grundsätze herauskristallisieren lassen.

So geht die Kommission davon aus, daß sich die Durchführung eines Sozialversicherungssystems wesentlich von der Verwaltung einer privaten Lebensversicherung unterscheidet. Wegen seiner öffentlichen Bedeutung müsse ein Sozialversicherungssystem auf politische Überlegungen Rücksicht nehmen, insbesondere solche finanzpolitischer Natur[49].

Daraus leitet die Kommission zum Beispiel die Berechtigung der jeweiligen Staaten/Gesetzgeber ab, im Falle einer Deflation den Nominalwert von Renten reduzieren zu können[50]. Weiterhin erkennt sie an, daß zum Zwecke von Harmonisierungen auf bilateraler oder europäischer Ebene Eingriffe in rentenrechtliche Positionen gerechtfertigt sind[51].

Im Hinblick auf die gesetzgeberische Gestaltungsbefugnis von Rentenansprüchen und -anwartschaften bedeuten diese Grundsätze, daß angesichts der für die Allgemeinheit gegebenen Bedeutung von Sozialversicherungssystemen auf Gesetz beruhende Regelungsmaßnahmen zwar politisch legitimiert sein müssen, wobei die Kommission finanzpolitische Gründe hervorhebt, dies aber auch für Eingriffe in bestehende Positionen ausreichend ist. Den Staaten bzw. den Gesetzgebern steht damit im Grundsatz eine relativ weite Gestaltungsbefugnis zu, berücksichtigt man noch die Tatsache, daß entsprechende Maßnahmen nur einer eingeschränkten Kontrolle unterliegen[52].

Eine äußerste Grenze der Gestaltungsbefugnis ist allerdings dort zu ziehen, wo gesetzliche Kürzungsmaßnahmen unter Berufung auf das Allgemeininteresse nicht einmal mehr die Substanz, das heißt den Kern der Eigentumsposition, hier also der Rentenansprüche und -anwartschaften, erhalten[53] und damit die Grenze zur Eigentumsentziehung überschritten wird, deren Zulässigkeit sich nach Art. 1 I S. 2 ZP richtet[54]. Diese Grenze ist für Eingriffe in die hier zur Diskussion stehenden Rechtspositionen dort zu ziehen, wo die mit der Rentenleistung selbst verfolgte Zielsetzung – die Ersetzung des mit Eintritt des Versicherungsfalles Alter weggefallenen Arbeitseinkommens – wegen der Herabsenkung des Leistungsniveaus nicht mehr gegeben ist.

Bestätigung findet diese Grenzziehung der substantiellen Erhaltung des Rentenrechts in dem Kommissions-Bericht 5849/72 in DR Bd. 3, S. 25 ff.

---

[49] DR Bd. 3, S. 25 ff. (31 f.); DR Bd. 19, S. 100 ff. (104).
[50] DR Bd. 3, S. 25 ff. (32).
[51] DR Bd. 3, S. 25 ff. (32).
[52] Siehe oben.
[53] So allgemein Peukert, in: Frowein / Peukert, EMRK-Komm., Art. 1 ZP, Rdn. 27.
[54] Siehe schon oben Anm. 44.

2. Der Schutz durch Art. 1 ZP (Eigentum)

(31 f.), wo die Kommission im Anschluß an ihre Erörterungen zur grundsätzlichen Zulässigkeit von Leistungsreduzierungen aus politischen Erwägungen einen solchen Kern des Rentenrechts zwar nicht näher spezifiziert, aber doch in den folgenden Ausführungen impliziert: „It is true that, in some cases, a substantial reducing of the amount of the pension could be regarded as affecting the very substance of the right to retain the benefit of the old age insurance system[55]."

Bei der Ausübung der im vorbeschriebenen Rahmen bestehenden Gestaltungsbefugnis haben die einzelnen Staaten bzw. Gesetzgeber darüber hinaus den Grundsatz der Verhältnismäßigkeit zu beachten, dem für die gesamte Konvention und damit auch für gesetzgeberische Maßnahmen nach Art. 1 II ZP Bedeutung zukommt[56].

In dem Fall Sporrong/Lönnroth gegen das Königreich Schweden hat der EGMR dahingehend formuliert, daß bei einem Eingriff in Eigentumspositionen zu prüfen ist, „ob ein gerechtes Gleichgewicht zwischen den Erfordernissen des öffentlichen Interesses der Gemeinschaft und den Anforderungen der Wahrung der Grundrechte des Einzelnen aufrechterhalten wurde"[57].

Auf rentenrechtliche Gestaltungsmaßnahmen bezogen bedeutet die Anwendbarkeit dieses Grundsatzes, daß trotz des den Gesetzgebern zustehenden weiten Gestaltungsspielraums[58] die Entwertung oder Kürzung rentenversicherungsrechtlicher Positionen eine Eigentumsverletzung darstellen kann, wenn die Abwägung der sich hier gegenüber stehenden Interessen der Versicherten einerseits sowie der Allgemeinheit andererseits die entsprechende Maßnahme als unverhältnismäßig erscheinen läßt.

Schließlich unterliegen legislatorische Eingriffe auch dem in Art. 17 EMRK bestimmten Mißbrauchsverbot sowie der in Art. 18 EMRK festgelegten Schrankenbegrenzung, denen auch im Hinblick auf Eigentumsbeschränkungen Bedeutung zukommt[59].

---

[55] Bestätigt in DR Bd. 19, S. 100 ff. (104).
[56] Peukert, in: Frowein / Peukert, EMRK-Komm., Art. 1 ZP, Rdn. 42; siehe auch Bleckmann, EuGRZ 1979, S. 485 ff. (486).
[57] EGMR (Fall Sporrong / Lönnroth), EuGRZ 1983, S. 523 ff. (526, Nr. 69).
[58] Siehe oben.
[59] Peukert, in: Frowein / Peukert, EMRK-Komm., Art. 1 ZP, Rdn. 41; allerdings haben diese Regelungen im wesentlichen nur eine Verstärkungsfunktion im Hinblick auf die bestehenden Schranken, so zu Art. 17 EMRK Frowein, in: Frowein / Peukert, EMRK-Komm., Art. 17, Rdn. 5.

3. Schutz von Rentenansprüchen und -anwartschaften auf der Grundlage des in Art. 14 EMRK enthaltenen Diskriminierungsverbots i.V.m. Art. 1 I S. 1 ZP

Gemäß der Bestimmung des Art. 14 EMRK ist der Genuß der in der Konvention festgelegten Rechte und Freiheiten „ohne Unterschied des Geschlechts, der Rasse, Hautfarbe, Sprache, Religion, politischen oder sonstigen Anschauungen, nationaler oder sozialer Herkunft, Zugehörigkeit zu einer nationalen Minderheit, des Vermögens, der Geburt oder des sonstigen Status" zu gewährleisten.

Diesem Diskriminierungsverbot kommt nur insoweit Bedeutung zu, als es um die Benachteiligung im Hinblick auf in der Konvention niedergelegte Rechte und Freiheiten geht[60].

Mit dem Verbot wird nicht jede unterschiedliche Behandlung in der Ausübung der in der Konvention anerkannten Rechte und Freiheiten ausgeschlossen[61], vielmehr ist in einer unterschiedlichen Behandlung nur dann ein Verstoß gegen Art. 14 EMRK begründet, wenn eine Differenzierung jedes objektiven und vernünftigen Grundes entbehrt[62] und damit eine willkürlich unterschiedliche Behandlung vorliegt[63], oder wenn zwischen den eingesetzten Mitteln und dem angestrebten Ziel kein angemessenes Verhältnis besteht[64].

Unter Anwendung dieser Grundsätze hat die Kommission in ihrer Rechtsprechung zur Frage des Eigentumsschutzes von rentenversicherungsrechtlichen Positionen in der Regel auch eine Verletzung von Art. 14 EMRK in Verbindung mit Art. 1 ZP geprüft, insoweit jeweils eine Einbeziehung dieser Rechtsstellungen in den Eigentumsschutz voraussetzend[65].

Kann damit auch dem Diskriminierungsverbot i.V.m. Art. 1 ZP unter dem Gesichtspunkt einer willkürlichen Ungleichbehandlung eine Schutz- und Schrankenfunktion im Hinblick auf die gesetzgeberische Gestaltung von Rentenstellungen beigemessen werden, so ist doch auch hier betreffend die Wirksamkeit dieses Schutzes darauf zu verweisen – wie bereits zum italienischen und deutschen Gleichheitsgrundsatz ausgeführt[66] –, daß nicht die legislatorische Maßnahme als solche, nämlich in ihrer Eigenschaft als in

---

[60] EGMR (Belgischer Sprachenfall), EuGRZ 1975, S. 298 ff. (301, Nr. 9).
[61] EGMR (Belgischer Sprachenfall), EuGRZ 1975, S. 298 ff. (301, Nr. 10).
[62] EGMR (Belgischer Sprachenfall), EuGRZ 1975, S. 298 ff. (301, Nr. 10); EGMR (Marckx-Fall), EuGRZ 1979, S. 454 ff. (456, Nr. 33).
[63] EGMR (Handyside-Fall), EuGRZ 1977, S. 38 ff. (49, Nr. 66).
[64] EGMR (Marckx-Fall), EuGRZ 1979, S. 454 ff. (456, Nr. 33).
[65] Siehe z. B. DR Bd. 3, S. 25 ff. (32); DR Bd. 19, S. 100 ff. (105 f.); DR Bd. 15, S. 198 ff. (201 ff.).
[66] Siehe unter II 2 e und III 2 e.

3. Der Schutz durch Art. 14 EMRK (Diskriminierungsverbot)

rentenrechtliche Positionen eingreifender Gestaltungsakt, einer Kontrolle unterzogen wird, sondern lediglich eine dadurch hervorgerufene Ungleichbehandlung verschiedener Personen oder Personengruppen.

V. Schlußbetrachtung

1. Vergleich zwischen dem verfassungsrechtlichen Schutz von Rentenansprüchen und -anwartschaften in Italien und in der Bundesrepublik Deutschland

a) Verfassungsrechtlicher Schutz durch Art. 38 II Cost. einerseits, Art. 14 GG andererseits

Trotz der unterschiedlichen Anknüpfungspunkte für den verfassungsrechtlichen Schutz von Rentenansprüchen und -anwartschaften – in Italien die durch Art. 38 II Cost. dem Gesetzgeber unter anderem auferlegte Verpflichtung zur Altersvorsorge für die Arbeitnehmer, in der Bundesrepublik Deutschland die in Art. 14 GG gewährleistete Eigentumsgarantie – lassen sich im wesentlichen übereinstimmende Grundsätze erkennen, welche die jeweiligen Gesetzgeber bei der Gestaltung dieser Rechtsstellungen zu beachten haben.

Für den Bereich des italienischen Rentenversicherungssystems und den durch Art. 38 II Cost. garantierten verfassungsrechtlichen Schutz von Rentenansprüchen und -anwartschaften ist von maßgebender Bedeutung, daß der Gesetzgeber bei Eingriffen in die Alterssicherung der Arbeitnehmer die in Art. 36 I Cost. im Hinblick auf die Vergütung der Arbeitnehmer niedergelegten Maßstäbe der „Proportionalität" und „Angemessenheit" berücksichtigen muß[1].

Hinsichtlich der Eingriffsbefugnis des Gesetzgebers ergeben sich daraus insoweit verfassungsrechtliche Schranken, als zum einen die Renten auf jeden Fall ausreichen müssen, die Lebensbedürfnisse der Arbeitnehmer und ihrer Familien zur Ermöglichung einer freien und würdigen Existenz zu sichern („adeguatezza"), sowie sich zum anderen in der Rentenhöhe Quantität und Qualität der während des Arbeitslebens erbrachten Arbeitsleistung widerspiegeln müssen („proporzionalità").

Wenn die Corte Costituzionale allerdings davon ausgeht, daß aus dem Kriterium der Proportionalität keine Bindung des Gesetzgebers im Sinne einer völligen Übereinstimmung zwischen dem Rentenniveau und dem Niveau der die Arbeitsleistung zum Ausdruck bringenden Vergütung folgt[2],

---

[1] Siehe unter II 2 b (2).
[2] Siehe unter II 2 b (3).

1. Vergleich zwischen Italien und der BR Deutschland

dem Gesetzgeber vielmehr ein Entscheidungs- und Gestaltungsspielraum zusteht, innerhalb dessen er im Rahmen vernünftiger Abwägung die Interessen der Arbeitnehmer einerseits und die finanziellen Möglichkeiten andererseits zu berücksichtigen hat[3], das Kriterium der Proportionalität also letztlich unter dem „Vorbehalt der Finanzierbarkeit" steht und damit eine „absolute" Proportionalität der Rente zur erbrachten Arbeitsleistung mit dem Ergebnis eines der bezogenen Vergütung entsprechenden Rentenniveaus verfassungsrechtlich nicht gefordert ist, so verengt sich der Eingriffsmaßstab der Proportionalität auf eine „relative" Proportionalität in dem Sinne, daß die sich aus dem Arbeitsleben auf der Grundlage der im bezogenen Einkommen ausgedrückten Arbeitsleistung ergebende Stellung des einzelnen Versicherten im Verhältnis zu den Mitversicherten gewahrt bleiben muß. Indessen wird der Gesetzgeber mit diesem Kriterium nicht gehindert, überhaupt Rentenansprüche oder -anwartschaften verschlechternde Eingriffe vorzunehmen (bis zur Grenze der in jedem Fall zu beachtenden „adeguatezza").

Mit anderen Worten: der Maßstab der Proportionalität bindet den Gesetzgeber hinsichtlich der Struktur der Eingriffe (nämlich Wahrung der sich aus dem Arbeitsleben ergebenden relativen Stellung der Arbeitnehmer/Rentner zueinander), hingegen ist der Gesetzgeber insoweit eingriffsbefugt, als er aus finanziellen Erwägungen heraus nachteilige Maßnahmen treffen kann, wenn auch nur unter Abwägung mit den Interessen der Betroffenen.

Nicht anders ist im Ergebnis der in der Bundesrepublik Deutschland durch die Eigentumsgarantie des Art. 14 GG gewährleistete Schutz von Rentenansprüchen und -anwartschaften zu bewerten, klammert man den durch diese Verfassungsnorm auch gewährten Vertrauensschutz zunächst einmal aus[4].

Der hier vor allem auf dem Kriterium der eigenen (Beitrags-)Leistung gegründete Eigentumsschutz unterliegt der Inhalts- und Schrankenbestimmung des Gesetzgebers dergestalt, daß dieser bei Vorliegen eines Legitimationsgrundes – zum Beispiel die Aufrechterhaltung der Funktions- und Leistungsfähigkeit der gesetzlichen Rentenversicherungen – sowie der Beachtung des Verhältnismäßigkeitsgrundsatzes zu (verschlechternden) Eingriffen in die eigentumsgeschützten Rechtspositionen befugt ist.

Nicht besonders verfassungsrechtlich geschützt im Sinne einer vom Gesetzgeber zu beachtenden Bestandsgarantie ist damit eine bestimmte Rentenhöhe, sondern nur die „Rangstelle" des einzelnen Berechtigten, welche dieser im Rahmen der Versichertengemeinschaft im Verhältnis zu den anderen Versicherten einnimmt und die sich aus den beitragsbezogenen und

---

[3] Siehe unter II 2 b (3).
[4] Siehe dazu unter b.

mithin von dem Rentenberechtigten selbst beeinflußbaren Faktoren der Rentenberechnung ergibt[5]. Damit spiegelt sich in der „Rangstelle" wegen der einkommensbezogenen prozentualen Beitragserhebung letztlich – wie in Italien – die während des Arbeitslebens erbrachte Arbeitsleistung im Verhältnis zu anderen wider.

Der Gesetzgeber ist demzufolge zu Eingriffen unter Wahrung der systeminternen Proportionalität der Versichertenpositionen bei Vorliegen eines Legitimationsgrundes befugt, wobei er allerdings als äußerste Grenze die Funktion der Renten als Grundlage für die Existenzsicherung der Rentner zu wahren hat[6]. Im übrigen ist er bei diesen Eingriffen noch an den Verhältnismäßigkeitsgrundsatz gebunden, womit neben der Notwendigkeit und Geeignetheit einer Maßnahme vom Gesetzgeber gefordert ist, die durch einen Eingriff hervorgerufenen Belastungen für die Rechtsinhaber mit den Allgemeinwohlgründen für die Maßnahme abzuwägen[7].

Damit läßt sich sowohl für den verfassungsrechtlichen Schutz aus Art. 38 II Cost. als auch durch Art. 14 GG (zum Vertrauensschutz siehe unten) sagen, daß jeweils nur eine sich letztlich aus der erbrachten Arbeitsleistung ergebende „Rangstelle" im Rahmen des jeweiligen Systems gegenüber gesetzgeberischen Eingriffen bestandsfest ist, während die Rentenpositionen im übrigen unter dem Vorbehalt (vor allem) der Finanzierbarkeit stehen und insoweit bei „vernünftiger Abwägung" die Gesetzgeber zu nachteiligen Eingriffen befugt sind.

b) Verfassungsrechtlicher Schutz unter dem Gesichtspunkt des Verbots der Rückwirkung von Gesetzen bzw. des durch Art. 14 GG gewährten Vertrauensschutzes

Zu dem unter a) dargestellten durch Art. 38 II Cost. bzw. Art. 14 GG nur begrenzt gewährleisteten Schutz in Form der von den jeweiligen Gesetzgebern zu beachtenden systeminternen Proportionalität der Versichertenpositionen tritt in beiden Ländern ein ergänzender Schutz insoweit hinzu, als in gewissem Umfang ein in der Vergangenheit entstandenes Vertrauen in den Bestand von Rechtspositionen als Eingriffsschranke gegenüber gesetzgeberischen Maßnahmen anerkannt wird[8].

Während diesbezüglich in Italien von der Corte Costituzionale auf das aus dem Rechtsstaatsprinzip abgeleitete Vertrauen des Bürgers in die Rechtssicherheit rekurriert wird mit der Folge, daß auf erworbene Rechtspositionen („diritti quesiti") einwirkende Gesetze nicht unbegrenzt zulässig sind[9], hat

---

[5] Siehe unter III 2 b (2) (a).
[6] Siehe unter III 2 b (2) (a).
[7] Dazu unter III 2 b (2) (b).
[8] Siehe unter II 2 c und III 2 b (2) (c).

1. Vergleich zwischen Italien und der BR Deutschland

nach der Rechtsprechung des Bundesverfassungsgerichts das Vertrauen in den Bestand vermögenswerter Positionen in Art. 14 GG eine eigene Ausprägung erfahren[10].

Gemäß der Auffassung beider Verfassungsgerichte verengt sich die Eingriffsbefugnis der Gesetzgeber in dem Maße, in welchem dem Vertrauen der Berechtigten in den Bestand von Rentenpositionen im Rahmen einer Abwägung zwischen den Eingriffsgründen einerseits und den Individualinteressen andererseits ein gesteigerter Wert beizumessen ist.

Während die Corte Costituzionale die Notwendigkeit einer solchen Abwägung damit zum Ausdruck bringt, daß rückwirkende Bestimmungen nicht in unvernünftiger und willkürlicher Weise auf rentenrechtliche Positionen einwirken können, die unter der Geltung früheren Rechts entstanden sind[11], erfordert nach der ständigen Rechtsprechung des Bundesverfassungsgerichts der durch Art. 14 GG gewährleistete Vertrauensschutz eine Abwägung zwischen dem Ausmaß des Vertrauensschadens des Einzelnen und der Bedeutung des gesetzlichen Anliegens für das Wohl der Allgemeinheit[12].

Die insoweit von beiden Gerichten entwickelten Abwägungskriterien führen im wesentlichen zu denselben Ergebnissen:

Ausgangspunkt ist eine grundsätzlich anerkannte weite Eingriffsbefugnis, von der Corte Costituzionale mit der grundsätzlichen Zulässigkeit von rückwirkenden Gesetzen auch im Verhältnis zu im Rahmen von Dauerrechtsverhältnissen entstandenen subjektiven Rechtspositionen begründet[13], vom Bundesverfassungsgericht anerkannt durch die hohe Einschätzung der Funktionsgewährleistung der gesetzlichen Rentenversicherungen einerseits sowie dem Verweis auf die mit den Chancen eines solchen Systems auch zu tragenden Risiken andererseits[14].

Ein besonderer Wert und damit Schutz im Rahmen der vorzunehmenden Abwägung kommt aber nach der Auffassung beider Gerichte fortgeschrittenen Anwartschaften sowie schon bestehenden Rentenansprüchen zu.

Spricht die Corte Costituzionale insoweit davon, daß insbesondere ein Eingriff unzulässig ist, der in einer fortgeschrittenen Phase des Arbeitslebens bzw. schon nach Eintritt in den Ruhestand ohne unabdingbare Notwendigkeit eine in der Vergangenheit erworbene Altersversorgung in beachtlichem Maße und auf endgültige Weise mit der Folge verschlechtern

---

[9] Siehe unter II 2 c (2).
[10] Siehe unter III 2 b (2) (c).
[11] Siehe unter II 2 c (2).
[12] Siehe unter III 2 b (2) (c).
[13] Siehe unter II 2 c (2).
[14] III 2 b (2) (c).

würde, daß die bewirkte Entwertung der erworbenen Rechtspositionen von den Betroffenen nicht mehr auszugleichen ist[15], so betont das Bundesverfassungsgericht in ähnlicher Weise, daß ein Vertrauen in eine bestimmte Rechtslage um so weniger enttäuscht werden darf, wenn der Rechtsinhaber dadurch gegenüber Risiken des Lebens in eine wesentlich ungünstigere Lage gerät, die er aus eigener Kraft nicht mehr bewältigen kann[16].

Damit erkennen beide Gerichte einen „gestuften Vertrauensschutz" von Rentenansprüchen und -anwartschaften an, der auch insoweit zeitlich genau qualifiziert werden kann, als jeweils für die Bewertung des Vertrauens im Rahmen der Abwägung darauf abzustellen ist, inwieweit die durch Eingriffe betroffenen Rechtsinhaber noch in der Lage sind, die erlittenen Rechtsverluste ausgleichen zu können. Deshalb ist dem Vertrauen der anwartschaftsberechtigten Personen, die relativ kurz vor der Beendigung ihres Arbeitslebens stehen, sowie der bereits Rentenberechtigten ein besonders hoher Wert beizumessen, da für diese Personen die Möglichkeiten, Ausgleichsmaßnahmen zu treffen, relativ gering sind.

Zusammenfassend läßt sich danach für den Vertrauensschutz im Hinblick auf Rentenansprüche und -anwartschaften sowohl für Italien als auch für die Bundesrepublik Deutschland sagen, daß trotz der durch die jeweilige Verfassungsrechtsprechung anerkannten Schutzwürdigkeit von Vertrauen der Rechtsinhaber den Gesetzgebern eine im Grundsatz weite Gestaltungsbefugnis eingeräumt wird. Dem Vertrauen in den Bestand erworbener Rechtspositionen kommt im Rahmen der zwischen Eingriffsgründen und Individualinteressen vorzunehmenden Abwägung jedoch ein um so höherer Stellenwert zu, je weniger die Betroffenen in der Lage sind, eingriffsbedingte Rechtsverluste auszugleichen.

Im Verhältnis zu dem unter a) erörterten verfassungsrechtlichen Schutz durch Art. 38 II Cost. bzw. Art. 14 GG[17] kommt dem Vertrauensschutz insoweit eine Verstärkungsfunktion zu, als den Gesetzgebern zumindest im Hinblick auf bereits weit fortgeschrittene Rechtspositionen erhöhte Eingriffsvoraussetzungen auferlegt werden, da trotz Wahrung der systeminternen Proportionalität wegen des im Einzelfall zu respektierenden Vertrauens ein Eingriff unzulässig sein kann.

---

[15] Siehe unter II 2 c (2).
[16] Siehe unter III 2 b (2) (c).
[17] Bezogen auf den danach erforderlichen Legitimationsgrund für Eingriffe sowie die Beachtung des Verhältnismäßigkeitsprinzips.

1. Vergleich zwischen Italien und der BR Deutschland

c) Verfassungsrechtlicher Schutz auf der Grundlage der jeweiligen Gleichheitsgrundsätze (Art. 3 I Cost. bzw. Art. 3 I GG)

Im Hinblick auf den durch den jeweiligen Gleichheitsgrundsatz bewirkten verfassungsrechtlichen Schutz von Rentenansprüchen und -anwartschaften ist festzustellen, daß diesem Verfassungsprinzip in der jeweiligen Verfassungsrechtsprechung gerade auch in Bezug auf die hier in Frage stehenden Rechtspositionen eine große Relevanz zukommt[18]. Allerdings kann der hierdurch bewirkte Schutzgehalt nur in dem Sinne als „flankierend" zu den vorerörterten Schutzgrundlagen[19] hinzutreten, als die Gesetzgeber gezwungen werden, bei in Rentenpositionen eingreifenden Maßnahmen zwecks Bewältigung der finanziellen Schwierigkeiten der Rentenversicherungssysteme eine mit dem Gleichheitsgrundsatz vereinbare gleichmäßige Belastungsverteilung vorzunehmen, und zwar sowohl systemintern bezogen auf die in den jeweiligen Versichertengemeinschaften zusammengefaßten Betroffenen als auch extern im Verhältnis zu anderen Alterssicherungssystemen[20].

Nicht aber kann der von beiden Verfassungen anerkannte Gleichheitsgrundsatz einen verfassungsrechtlichen Schutz gegen Eingriffsmaßnahmen der jeweiligen Gesetzgeber unter dem Gesichtspunkt leisten, daß diese Maßnahmen als solche, nämlich in ihrer rentenrechtliche Positionen vermindernden Wirkung, einer verfassungsrechtlichen Überprüfung zugänglich sind.

d) „Systemgerechtigkeit" des verfassungsrechtlichen Schutzes in Italien und in der Bundesrepublik Deutschland

Ist nach den unter a) bis c) erfolgten Bewertungen von einem im wesentlichen übereinstimmenden verfassungsrechtlichen Schutz der Rentenansprüche und -anwartschaften gegenüber gesetzgeberischen Eingriffen auszugehen, so unterscheiden sich jedoch – abgesehen von der jeweiligen Heranziehung des Vertrauensschutzes[21] und des Gleichheitsgrundsatzes – die jeweils vornehmlichen verfassungsrechtlichen Gewährleistungen im Hinblick auf ihre Grundlagen, nämlich zum einen das in Art. 38 II Cost. bestimmte soziale Recht der Arbeitnehmer auf eine Altersvorsorge mit dem Inhalt eines entsprechenden Gestaltungsauftrages an den Gesetzgeber, zum anderen die in Art. 14 GG niedergelegte Eigentumsgarantie.

---

[18] Siehe jeweils unter II 2 e und III 2 e.
[19] Siehe unter a und b.
[20] Das ist auch ein wesentlicher Aspekt der in beiden Ländern geführten Harmonisierungsdebatte, siehe die Nachweise unter I 3, Anm. 50.
[21] Wenn auch in der Bundesrepublik Deutschland im Rahmen von Art. 14 GG.

Insoweit erscheint die von der Corte Costituzionale über die Einordnung der Rente als „retribuzione differita"[22] hergestellte Verbindung zwischen Art. 38 II Cost. und Art. 36 I Cost. mit der Folge, daß die Renten ebenso wie die Arbeitsvergütung nach den Kriterien der „proporzionalità" und „adeguatezza" zu bemessen sind, als konsequenter und systemgerechter Ausdruck des in der italienischen Verfassung durch die sogenannten sozialen Rechte insbesondere geschützten Bereichs der Arbeit[23], wozu auch die soziale Vorsorge bzw. die Sozialgesetzgebung gerechnet wird[24].

Der daraus resultierende verfassungsrechtliche Schutz der Rentenpositionen setzt damit den durch Art. 36 I Cost. gewährleisteten verfassungsrechtlichen Schutz der Arbeitsvergütung unter Anwendung derselben Kriterien fort und erweist sich dadurch in Übereinstimmung mit dem zwischen Vergütung und Rente bestehenden Verhältnis, das durch die Funktion der Alterssicherungsleistung, die nach Erreichen der Altersgrenze bei Eintritt in den Ruhestand wegfallende Vergütung zu ersetzen, gekennzeichnet ist.

Demgegenüber stellt sich die heute nahezu unumstrittene Anerkennung des Eigentumsschutzes für öffentlich-rechtlich begründete Rentenpositionen eher als eine „Hilfskonstruktion" im Rahmen einer Verfassung dar, die im Gegensatz zur italienischen Costituzione keine spezifische Regelung sozialer Rechte enthält, sondern nur die als „Staatsleitlinie"[25] verstandene allgemeine Sozialstaatsklausel.

Zwar erscheint der Ausgangspunkt des Bundesverfassungsgerichts für die Übertragung dieses nach klassisch-liberalem Grundrechtsverständnis Staatseingriffe in privates Vermögen abwehrenden Freiheitsrechts auf soziale Rechtspositionen, deren Gewährung und Bestand gleichermaßen vom Staat abhängen, konsequent, wenn das Gericht davon ausgeht, daß „in der heutigen Gesellschaft ... eine große Mehrheit der Staatsbürger ihre wirtschaftliche Existenzsicherung weniger durch privates Sachvermögen als durch den Arbeitsertrag und die daran anknüpfende solidarisch getragene Daseinsvorsorge (erlangt) ..." und insoweit „die Anrechte des Einzelnen auf Leistungen der Rentenversicherung an die Stelle privater Vorsorge und Sicherung getreten (sind)"[26].

Trotz dieser zunächst überzeugenden funktionsorientierten Begründung für die Notwendigkeit der Ausdehnung des Eigentumsschutzes auch auf

---

[22] Siehe unter II 2 b (2).
[23] Siehe die Art. 35 ff. Cost., dazu bereits oben unter II 2 b (2); Art. 1 I Cost. bezeichnet Italien als „eine demokratische, auf die Arbeit gegründete Republik."
[24] Siehe Levi Sandri, Istituzioni di legislazione sociale, 1983, S. 3 ff.; Ghezzi, Il lavoro, in: Manuale di diritto pubblico (hrsg. von Amato / Barbera), 1984, S. 1026 ff. (1057/1058).
[25] So Herzog, in: Maunz / Dürig / Herzog, Komm. z. GG, Art. 20, VIII, Rdn. 6; siehe dazu schon unter I 1 b und III 2 d.
[26] BVerfGE Bd. 53, S. 257 ff. (290).

rentenrechtliche Positionen ergeben sich jedoch unter folgenden Gesichtspunkten Zweifel an diesem Vorgehen:

- zum einen wegen der im Hinblick auf die vom Bundesverfassungsgericht für eine Einbeziehung in den Eigentumsschutz aufgestellten Voraussetzungen sowie die für die Inhalts- und Schrankenbestimmung festgelegten Kriterien auftretenden dogmatischen „Friktionen" im Verhältnis zu dem Eigentumsschutz privatrechtlicher Vermögenspositionen;
- darüber hinaus im Hinblick auf die Notwendigkeit dieser Ausdehnung angesichts der vom Bundesverfassungsgericht entwickelten Rechtsprechung zu dem aus dem Rechtsstaatsprinzip abgeleiteten allgemeinen Vertrauensschutz als verfassungsrechtliche Schranke gegenüber dem Erlaß rückwirkender Gesetze.

Bezüglich der vom Bundesverfassungsgericht für die Anerkennung des Eigentumsschutzes öffentlich-rechtlicher Rentenanrechte aufgestellten Voraussetzungen ist das Kriterium der eigenen Leistung deshalb problematisch, weil insoweit für privatrechtliche Vermögenspositionen nicht gefordert wird, daß diese auf einer eigenen Leistung beruhen. Vielmehr unterfallen der Eigentumsgarantie insoweit auch Rechtspositionen, die z. B. durch Schenkung oder Vererbung erworben worden sind[27].

Auch die vom Bundesverfassungsgericht als wesentliche Merkmale des verfassungsrechtlich geschützten Eigentums neben der eigenen Leistung hervorgehobenen Kriterien der Privatnützigkeit bzw. Verfügungsbefugnis[28] sind im Hinblick auf Rentenpositionen mehr als fragwürdig bzw. als Einordnungsmerkmal unbrauchbar.

Letzteres gilt für das Kriterium der Privatnützigkeit – vom Bundesverfassungsgericht dahingehend verstanden, daß eine Rechtsposition „im eigenverantwortlichen privaten Interesse von Nutzen sein soll"[29] –, da dies von jeder irgendwie vermögenswerten Position behauptet werden kann[30].

---

[27] Unger, ZfS 1985, S. 225 ff. (228). Siehe auch die unter sozialversicherungsrechtlichen Gesichtspunkten erhobene Kritik an dem Leistungskriterium von Schneider, Der verfassungsrechtliche Schutz von Renten der Sozialversicherung, 1980, S. 17 ff. Auf ein weiteres Problem in Zusammenhang mit den Voraussetzungen, unter denen ein Eigentumsschutz sozialrechtlicher Positionen bejaht wird, weist Leisner hin, der die Frage aufwirft, inwieweit das nunmehr im Hinblick auf sozialversicherungsrechtliche Positionen als „konstituierendes Merkmal des Eigentumsschutzes" bezeichnete Kriterium der „Existenzsicherung" (siehe oben unter III 2 b (1), insbes. Anm. 103) in Zukunft nicht auch allgemein als Schranke für die Unterstellung von Rechtspositionen unter den Eigentumsschutz gebraucht wird, siehe Leisner, Eigentum als Existenzsicherung?, in: Rechtsstaat, Kirche, Sinnverantwortung, Festschrift für Klaus Obermayer, 1986, S. 65 ff. (71).
[28] BVerfGE Bd. 53, S. 257 ff. (290).
[29] BVerfGE Bd. 53, S. 257 ff. (290).
[30] Schneider (Anm. 27), S. 22 f.

V. Schlußbetrachtung

Die das Eigentum kennzeichnende Verfügungsbefugnis im Sinne freier Dispositionsmöglichkeit über den jeweiligen Eigentumsgegenstand ist bei Rentenansprüchen nur in geringem Umfang[31], bei Rentenanwartschaften überhaupt nicht gegeben, im übrigen ist die Begründung wie auch die Ausgestaltung dieser Rechtspositionen im Rahmen der Pflichtversicherung allein Sache des Gesetzgebers[32].

Die Begründung des Bundesverfassungsgerichts für die Anerkennung des Merkmals der Verfügungsbefugnis im Hinblick auf Rentenpositionen deshalb, weil „ihr Umfang durch die persönliche Arbeitsleistung des Versicherten mitbestimmt wird, wie dies vor allem in den einkommensbezogenen Beitragsleistungen Ausdruck findet"[33], erscheint insoweit als eine völlige Reduzierung des Begriffs der Verfügungsbefugnis, zumal gerade auch die Leistung einkommensbezogener Beiträge Ergebnis gesetzlich angeordneter Pflichtversicherung ist und nicht auf Entscheidungen des Versicherten beruht[34].

Auf der Ebene der Eingriffsbefugnis des Gesetzgebers in die grundsätzlich eigentumsgeschützten Rechtspositionen stellt das Bundesverfassungsgericht für die Gestaltungsfreiheit auf Eigenart und Funktion des Eigentumsgegenstandes ab und differenziert hier nach dem personalen und sozialen Bezug des Eigentumsobjekts[35].

Diese Differenzierung hebt sich jedoch im Bereich der Rentenpositionen gegenseitig auf und führt für eine nähere Bestimmung der Gestaltungsfreiheit nicht weiter, da diese Rechtsstellungen einerseits einen starken personalen Bezug wegen ihrer freiheitssichernden Funktion im vermögensrechtlichen Bereich aufweisen, andererseits aber auch durch ihre rentenversicherungsrechtliche Gründung einen ausgeprägten sozialen Bezug haben[36].

Neben diesen „Ungereimtheiten" bei der Ausdehnung des Eigentumsschutzes auf öffentlich-rechtliche Rentenpositionen, aber auch gerade angesichts dessen stellt sich darüber hinaus die Frage nach der Erforderlichkeit einer solchen grundrechtlichen Verankerung, wenn man daneben die vom

---

[31] Siehe § 53 SBG I zur Übertragung und Verpfändung.
[32] Schneider (Anm. 27), S. 22 ff.
[33] BVerfGE Bd. 53, S. 257 ff. (291). Zustimmend Schlenker, Soziales Rückschrittsverbot und Grundgesetz, 1986, S. 149, der diesbezüglich sogar von einem „methodischen Kunstgriff" spricht.
[34] Es sei denn, man will schon an die Begründung eines versicherungspflichtigen Beschäftigungsverhältnisses anknüpfen.
[35] So die aus dem Mitbestimmungsurteil, BVerfGE Bd. 50, S. 290 ff. (340) in die rentenrechtliche Rechtsprechung übernommene Abgrenzung, siehe nur BVerfGE Bd. 53, S. 257 ff. (292).
[36] Rüfner, Anmerkung zum Urteil des BVerfG vom 28. 2. 1980 – 1 BvL 17/77 u.a. –, in: SGb 1981, S. 107 ff. (107); Stober, SdDSRV, Bd. XXIII (1982), S. 9 ff. (49); für das BVerfG ist letztlich auch nicht diese Differenzierung, sondern vielmehr das Leistungskriterium Eingriffsmaßstab, siehe oben unter III 2 b (2) (a).

Bundesverfassungsgericht entwickelte Rechtsprechung zur (vor allem unechten) Rückwirkung[37] von Gesetzen auf der Grundlage des aus dem Rechtsstaatsprinzip abgeleiteten allgemeinen Vertrauensschutzes ins Blickfeld zieht.

Das Bundesverfassungsgericht führt diesbezüglich ohne nähere Begründung in der Versorgungsausgleichs-Entscheidung aus, daß Art. 14 I GG „sowohl für den Gesetzgeber als auch für die rechtsprechende Gewalt ... konkretere und deutlicher konturierte Maßstäbe einer verfassungsrechtlichen Beurteilung (bietet) als der Rückgriff auf allgemeine Grundsätze der Verfassung ..."[38], und spezifiziert dies in der Ausfallzeiten-Entscheidung dahingehend, daß die Eigentumsgarantie des Art. 14 GG deshalb über den rechtsstaatlichen Vertrauensschutz hinausgehe, weil der Gesetzgeber für den Eingriff in geschützte subjektive Rechte legitimierende Gründe haben müsse[39].

Dem ist allerdings entgegenzuhalten, daß gerade das Verfassungsgericht selbst in seiner Anpassungs-Entscheidung[40] – wo die Frage des Eigentumsschutzes bewußt offen gelassen wurde – im Rahmen der Prüfung einer Verletzung des Vertrauensschutzes der betroffenen Personen ausführte, daß sowohl für den durch Art. 14 GG gewährleisteten Vertrauensschutz als auch den aus dem Rechtsstaatsprinzip abgeleiteten allgemeinen Vertrauensschutz für die verfassungsrechtliche Beurteilung von Eingriffen eine Abwägung zwischen dem Ausmaß des Vertrauensschadens des Einzelnen und die Bedeutung des gesetzlichen Anliegens für das Wohl der Allgemeinheit vorzunehmen ist[41].

Mit der im Rahmen dieser Abwägung heranzuziehenden „Bedeutung des gesetzlichen Anliegens für das Wohl der Allgemeinheit" wird aber genauso ein Legitimationsgrund des Gesetzgebers geprüft und damit für den Eingriff vorausgesetzt, wie er für die Beschränkung von durch Art. 14 GG geschützte Rechtspositionen erforderlich ist.

Daß dieses Erfordernis im Rahmen von Art. 14 GG allerdings auch dann besteht, wenn auf Seiten des Betroffenen kein Vertrauen gegeben ist, Art. 14 GG also ohne Rücksicht auf die subjektive Einstellung einen Legitimationsgrund verlangt, egalisiert das Bundesverfassungsgericht dadurch, daß es dem Gesetzgeber in seiner Rechtsprechung zur Inhalts- und Schrankenbestimmung eine relativ weite Gestaltungsbefugnis zum Zwecke der Funktionssicherung der gesetzlichen Rentenversicherungen einräumt[42] und

---

[37] Siehe dazu oben unter III 2 c.
[38] BVerfGE Bd. 53, S. 257 ff. (294).
[39] BVerfGE Bd. 58, S. 81 ff. (121).
[40] BVerfGE Bd. 64, S. 87 ff.
[41] BVerfGE Bd. 64, S. 87 ff. (104).

gleichzeitig den Schutz von Anwartschaften insofern gering einschätzt, als darin von vorneherein Veränderungen angelegt seien[43].

Damit erscheinen die Eigentumsgarantie zum einen und der aus dem Rechtsstaatsprinzip abgeleitete allgemeine Vertrauensschutz zum anderen in diesem Bereich auswechselbar[44].

2. Bedeutung des Schutzes durch die EMRK für Rentenansprüche und -anwartschaften in Italien und in der Bundesrepublik Deutschland

Im Verhältnis zu dem in Italien und in der Bundesrepublik Deutschland bestehenden verfassungsrechtlichen Schutz von Rentenansprüchen und -anwartschaften gegenüber gesetzgeberischen Eingriffen ist davon auszugehen, daß der insoweit im Rahmen der EMRK gewährte Schutz nichts darüber hinausgehendes leistet, sondern im Gegenteil noch nicht einmal das Niveau der in beiden Staaten bestehenden Gewährleistung erreicht.

Diesbezüglich ist zunächst unter einem eher formalen Gesichtspunkt festzustellen, daß der Konvention in beiden Staaten nur der Rang eines innerstaatlichen Gesetzes zukommt[45] und damit die jeweiligen Gesetzgeber gemäß dem in beiden Rechtsordnungen anerkannten Grundsatz lex posterior derogat legi priori[46] das durch die Konvention gesetzte Recht – wenn auch verbunden mit einer Völkerrechtsverletzung – durch entgegenstehende Gesetze abändern können[47].

Darüber hinaus ist aber auch die – im wesentlichen an den von der Kommission entwickelten Kriterien zu messende – materielle Schutzwirkung

---

[42] Siehe unter III 2 b (2) (a). Insoweit spricht Leisner (Anm. 27), S. 68, davon, daß „Die Einbeziehung der Sozialversicherungspositionen in den Schutzbereich des Art. 14 GG (...) für das Eigentum ein Danaergeschenk (war), hier konnte mit der „Eingriffshand" ganz allgemein und mehr genommen werden, als mit der Hand der „weiteren Freiheit" den Versicherungsbürgern gegeben wurde."

[43] BVerfGE Bd. 22, S. 241 ff. (253).

[44] So auch AK-GG-Rittstieg, Art. 14/15, Rdn. 119; Schneider (Anm. 27), S. 31; Unger, ZfS 1985, S. 225 ff. (231); anderer Ansicht Badura, SGb 1984, S. 398 ff. (399); Schlenker (Anm. 33), S. 197 f., wonach eine Grundrechtssicherung deshalb über den Vertrauensschutz hinausgehe, „da der grundrechtliche Bestandsschutz die daseinssichernde Bedeutung der Sozialposition als Teil einer Sozialaufgabe erfaßt und nicht nur den subjektiven „Sozialerwartungshorizont" des Bürgers abdeckt". Zwar ist es richtig, daß für einen Schutz durch Art. 14 GG die Erwartungen des einzelnen (zunächst) ohne Bedeutung sind, für die Beantwortung der Frage, ob Art. 14 GG ein Mehr an Schutz leistet als der allgemeine Vertrauensschutz ist jedoch die jeweilige Weite der dem Gesetzgeber zugestandenen Eingriffsbefugnis maßgebend.

[45] Siehe unter IV 1.

[46] Barile, Istituzioni di diritto pubblico, 1982, S. 62; Wolff / Bachof, Verwaltungsrecht I, 1974, § 27 I b Nr. 4.

[47] So zur Bundesrepublik Deutschland ausdrücklich Hesse, Grundzüge des Verfassungsrechts der Bundesrepublik Deutschland, 1982, Rdn. 278.

geringer, und zwar einmal im Hinblick auf das für eine Einbeziehung in die Eigentumsgarantie von Art. 1 ZP aufgestellte Kriterium der eigenen Leistung, zum anderen bezogen auf den temporalen Schutzumfang sowie schließlich unter dem Gesichtspunkt der Voraussetzungen und Überprüfbarkeit staatlicher/gesetzgeberischer Nutzungsregelungen des Eigentums.

Nach Auffassung der Kommission ist die Beitragsleistung als solche für die Erwägung eines eigentumsrechtlichen Schutzes durch Art. 1 ZP nicht ausreichend, vielmehr ist darüber hinaus die Struktur des jeweiligen Alterssicherungssystems insoweit maßgebend, als die Beitragsleistungen in einem derartigen Zusammenhang mit den späteren Rentenleistungen stehen müssen, daß dem einzelnen Versicherten zu jeder Zeit ein identifizierbarer Anteil am Rentenfonds zugeordnet werden kann[48]. Demzufolge entfällt nach Ansicht der Kommission ein rentenrechtlicher Eigentumsschutz in solchen Systemen, wo trotz individueller Beitragsleistungen eine solche „Anteilsidentifizierbarkeit" nicht gegeben ist[49].

Vergleicht man diese Auffassung mit der vom Bundesverfassungsgericht für die Einbeziehung in den Eigentumsschutz aufgestellten Voraussetzung der Eigenleistung, so spielt hier der Gesichtspunkt der „Anteilsidentifizierbarkeit" für die Unterstellung unter den Eigentumsschutz keine Rolle, vielmehr kommt der insoweit vergleichbaren „Rangstelle" der einzelnen Versicherten erst für die weitere Frage der gesetzgeberischen Eingriffs- und Gestaltungsbefugnis Bedeutung zu.

Ebenso erweist sich diese Auffassung als enger gegenüber dem in Italien durch Art. 38 II Cost. gegebenen verfassungsrechtlichen Schutz von Rentenpositionen, dessen Gewährleistung als solche unabhängig von der Verbindung zwischen Beiträgen und Leistungen besteht und auch hier das für die „Anteilsidentifizierbarkeit" aus Art. 36 I Cost. gewonnene Kriterium der Proportionalität erst für die gesetzgeberische Gestaltung von Bedeutung ist.

Desweiteren schließt die Kommission den eigentumsrechtlichen Schutz von vorneherein für solche Rentenanwartschaften aus, zu deren Umwandlung in das „Vollrecht" noch weitere Voraussetzungen als allein das Erreichen der Altersgrenze erfüllt werden müssen[50].

Dieser Einschränkung kommt vor allen Dingen im Verhältnis zu dem vom Bundesverfassungsgericht anerkannten verfassungsrechtlichen Schutz Bedeutung zu, als hier durch die umfassende Einbeziehung von Anwartschaften in den Eigentumsschutz[51] für die von gesetzgeberischen Eingriffen Betroffenen die Möglichkeit geschaffen wird, auch bereits in einem frühen

---

[48] Siehe unter IV 2 b (1).
[49] Siehe unter IV 2 b (1).
[50] Siehe unter IV 2 b (1).
[51] Siehe dazu unter III 1 f (Anm. 67) sowie unter 2 b (1).

Anwartschaftsstadium im Wege der – in Italien im übrigen nicht vorgesehenen – Verfassungsbeschwerde[52] gegen entsprechende Gesetze vorgehen zu können.

Schließlich erscheinen die von der Kommission auf der Eingriffsebene entwickelten Grundsätze für die Zulässigkeit von in rentenrechtliche Positionen eingreifenden Gesetzen weniger schutzwirksam, da sie den Staaten/Gesetzgebern einen sehr weiten Spielraum eröffnen.

Wenn die Kommission hier an die öffentliche Bedeutung der Sozialversicherungssysteme anknüpft und betont, daß diese auf politische Überlegungen, insbesondere finanzieller Art, Rücksicht nehmen müssen[53], so steht den Gesetzgebern mit dieser äußerst vagen und undeutlichen Formulierung ein umfassenderes Eingriffslegitimationsspektrum zur Verfügung als dies sowohl mit der vom Bundesverfassungsgericht verwendeten Standardformel von der insbesondere dann gegebenen Eingriffszulässigkeit der Fall ist, wenn die Funktions- und Leistungsfähigkeit des Systems der gesetzlichen Rentenversicherungen im Interesse aller erhalten, verbessert oder veränderten wirtschaftlichen Bedingungen angepaßt werden soll[54], zum anderen aber auch mit der von der Corte Costituzionale für Eingriffe in Rentenpositionen akzeptierten Entscheidungsfreiheit des Gesetzgebers unter der Voraussetzung eines vernünftig ausgeübten Ermessens im Sinne einer Abwägung zwischen den Lebensbedürfnissen der Arbeitnehmer einerseits und den effektiven finanziellen Möglichkeiten andererseits[55].

Dies wird noch dadurch verstärkt, daß entsprechende gesetzliche Maßnahmen nur einer eingeschränkten Überprüfung durch die Konventionsorgane zugänglich sind, da den Staaten/Gesetzgebern durch Art. 1 II ZP ein weiter Beurteilungsspielraum zum Erlaß von Nutzungsregelungen des Eigentums insoweit eingeräumt ist, als deren Zulässigkeit davon abhängt, daß sie von einem Staat im Einklang mit dem Allgemeininteresse „für erforderlich" gehalten werden[56].

Schließlich kommt auch dem auf der Grundlage des in Art. 14 EMRK enthaltenen Diskriminierungsverbots i.V.m. Art. 1 I S. 1 ZP[57] gegebenen Schutz keine weitergehende oder spezifischere Schutzwirkung zu, als dies bereits für die in den jeweiligen Ländern geltenden Gleichheitsgrundsätze der Fall ist[58].

---

[52] Zu den Voraussetzungen siehe Art. 93 I Nr. 4a GG i.V.m. §§ 13 Nr. 8a, 90 ff. BVerfGG.
[53] Siehe unter IV 2 c.
[54] Siehe unter III 2 b (2) (a).
[55] Siehe unter II 2 b (3).
[56] Dazu oben unter IV 2 c.
[57] Dazu unter IV 3.
[58] Vergleiche insoweit unter II 2 e und III 2 e sowie oben unter 1 c.

Literaturverzeichnis

Adamy, Wilhelm / *Steffen*, Johannes: Finanzierungsprobleme der Sozialversicherung in der Wirtschaftskrise, in: Sozialer Fortschritt 1982, S. 206 ff.

Alternativ-Kommentar zum Grundgesetz für die Bundesrepublik Deutschland, Bd. 1, Art. 1 – 20, Neuwied und Darmstadt 1984.

Astuti, Guido: Bestand und Bedeutung der Grundrechte in Italien, in: EuGRZ 1981, S. 77 ff.

Badura, Peter: Die eigentumsrechtliche Bindung des Gesetzgebers bei der Anpassung der Renten in der Sozialversicherung, in: SGb 1984, S. 398 ff.

Balandi, Gian Guido: Pensioni-Baby, si e no, in: Politica dir. 1983, S. 225 ff.

Balboni, Enzo: I servizi sociali, in: Amato, Giuliano / Barbera, Augusto (Hrsg.), Manuale di diritto pubblico, Bologna 1984.

Barile, Paolo: Istituzioni di diritto pubblico, 4. Aufl., Padova 1982.

Bleckmann, Albert: Der Beurteilungsspielraum im Europa- und Völkerrecht, in: EuGRZ 1979, S. 485 ff.

Bley, Elmar: Sozialrecht, 4. Aufl., Frankfurt a. M. 1982.

Bobbio, Norberto / *Pierandrei*, Franco: Introduzione alla Costituzione, 20. Aufl., Bari 1979.

Boecken, Winfried: Die Pflichtaltersversorgung der verkammerten freien Berufe und der Bundesgesetzgeber, Berlin 1986.

Bogs, Harald: Die Sozialversicherung im Staat der Gegenwart, Berlin 1973.

Bozzi, Carlo: Interesse e diritto, in: NssDI, Bd. VIII, 3. Aufl., Torino 1975, S. 844 ff.

Branca, Giuseppe: Istituzioni di diritto privato, 6. Aufl., Bologna 1975.

— (Hrsg.): Commentario della Costituzione, Bd. I, Art. 35 – 40 Cost., Bologna 1979.

Burdenski / *v. Maydell* / *Schellhorn*: Sozialgesetzbuch – Allgemeiner Teil, Kommentar (SGB-AT), 2. Aufl., Neuwied 1981.

Cappelletti, Mauro: The law-making power of the judge and its limits: a comparative analysis, in: Monash University Law Review Bd. 8 (1981), S. 15 ff.

Cappelletti, Mauro / *Garth*, Bryant (Hrsg.): Access to justice, Bd. I, A world survey, Leyden, London, Boston, Milan 1978.

Cataldi, Enzo: La giurisprudenza della Corte Costituzionale in materia di previdenza sociale, in: Il lavoro nella giurisprudenza costituzionale (ricerca diretta da Renato Scognamiglio), S. 471 ff., Milano 1978.

Cereti, Carlo: Diritto costituzionale italiano, Torino 1971.

Cerri, Augusto: Profili costituzionali del sistema pensionistico, in: Dir. società 1983, S. 275 ff.

Cian / Trabucchi: Commentario breve al Codice civile, Padova 1981.

Cinelli, Maurizio: Retribuzione dei dipendenti privati, in: NssDI, Bd. VI, Appendice 1986, S. 652 ff.

Corso, Guido: Die sozialen Rechte in der italienischen Verfassung, in: Instrumente der sozialen Sicherung und der Währungssicherung in der Bundesrepublik Deutschland und in Italien, in: Der Staat, Beiheft 5, Berlin 1981, S. 29 ff.; italienische Veröffentlichung: I diritti sociali nella Costituzione Italiana, in: Riv. trim. pubbl. 1981, S. 755 ff.

Cosi, Dante / *Pugliese,* Francesco Paolo: I modelli organizzatori degli enti pubblici, Bd. 1, Milano 1977.

Costantino, Michele: Il diritto di proprietà, in: Trattato di diritto privato (diretto da Pietro Rescigno), Bd. 7 (Proprietà), Torino 1982.

De Cupis, Adriano: Istituzioni di diritto privato, 2. Aufl., Milano 1980.

Degenhart, Christoph: Rentenreform, „Generationenvertrag" und Bestandsschutz sozialversicherungsrechtlicher Positionen, in: Bay VBl 1984, S. 65 ff., 103 ff.

Dürig, Günter: Der Staat und die vermögenswerten öffentlich-rechtlichen Berechtigungen seiner Bürger, in: Staat und Bürger, Festschrift für Willibald Apelt zum 80. Geburtstag, München und Berlin 1958, S. 13 ff.

Erichsen, Hans Uwe / *Martens,* Wolfgang: Allgemeines Verwaltungsrecht, 6. Aufl., Berlin, New York 1983.

Ferrera, Maurizio: Il Welfare State in Italia, Sviluppo e crisi in prospettiva comparata, Bologna 1984.

Frowein, Jochen / *Peukert,* Wolfgang: Europäische Menschenrechtskonvention, EMRK-Kommentar, Kehl am Rhein, Straßburg 1985.

Fürstenberg, Horst: Die Alterssicherung der freien Berufe – Eine sozial-politische und sozialgeschichtliche Untersuchung ihrer Möglichkeiten und Grenzen, Berlin 1961.

Ghezzi, Giorgio: Il lavoro, in: Amato, Giuliano / Barbera, Augusto (Hrsg.): Manuale di diritto pubblico, Bologna 1984, S. 1026 ff.

Greco, Paulo: Beni immateriali, in: NssDI, Bd. II, 1974, S. 356 ff.

Grohmann, Heinz: Wege zur Bewahrung der langfristigen Stabilität der Rentenversicherung im demographischen, ökonomischen und sozialen Wandel, in: DRV 1981, S. 265 ff.

Heine, Wolfgang: Krankenversicherung der Rentner – eine eigentumsgeschützte Position?, in: DRV 1985, S. 345 ff.

Heinze, Meinhard: Möglichkeiten der Fortentwicklung des Rechts der sozialen Sicherheit zwischen Anpassungszwang und Bestandsschutz, Gutachten E zum 55. Deutschen Juristentag, München 1984.

Helberger, Christof: Arbeitslosigkeit als finanzielles Problem des sozialen Sicherungssystems, in: Sozialer Fortschritt 1986, S. 13 ff.

Hesse, Konrad: Grundzüge des Verfassungsrechts der Bundesrepublik Deutschland, 13. Aufl., Heidelberg 1982.

Huber, Ernst Rudolf: Wirtschaftsverwaltungsrecht, Bd. II, 2. Aufl., Tübingen 1954.

Igl, Gerhard / *Schulte*, Bernd / *Simons*, Thomas: Einführung in das Recht der sozialen Sicherheit von Frankreich, Großbritannien und Italien, in: VSSR 1978, Beiheft 1, Berlin 1978.

Isensee, Josef: Der Sozialstaat in der Wirtschaftskrise. Der Kampf um die sozialen Besitzstände und die Normen der Verfassung, in: Demokratie in Anfechtung und Bewährung (Festschrift für Johannes Broermann), Berlin 1982, S. 365 ff.

Jacobs, Francis G.: The European Convention on Human Rights, Oxford 1975.

Kolb, Rudolf: Möglichkeiten zukünftiger Alterssicherung durch die gesetzliche Rentenversicherung, in: DRV 1985, S. 494 ff.

Krause, Peter: Fremdlasten der Sozialversicherung, in: VSSR 1980, S. 115 ff.

— Eigentum an subjektiven öffentlichen Rechten, Berlin 1982.

— Die Fortentwicklung des Rechts der sozialen Sicherheit zwischen Anpassungszwang und Bestandsschutz, in: DÖV 1984, S. 740 ff.

Krause / v. Maydell / Merten / Meydam: Gemeinschaftskommentar zum Sozialgesetzbuch – Gemeinsame Vorschriften für die Sozialversicherung (GK-SGB IV), Neuwied, Darmstadt 1978.

Kressmann, Karl: Das versicherungstechnische Äquivalenzprinzip in der gesetzlichen Rentenversicherung der Bundesrepublik Deutschland, Frankfurt a. M. 1971.

La Valle, Francesco: Successione di leggi, in: NssDI, Bd. XVIII, 1971, S. 634 ff.

Leibholz / Rinck / Hesselberger: Grundgesetz, Kommentar an Hand der Rechtsprechung des Bundesverfassungsgerichts, 6. Aufl., Köln ab 1979, Stand: Dezember 1985.

Leisner, Walter: Eigentum als Existenzsicherung?, in: Rechtsstaat, Kirche, Sinnverantwortung, Festschrift für Klaus Obermayer, München 1986, S. 65 ff.

Levi Sandri, Lionello R.: Istituzioni di legislazione sociale, 13. Aufl., Milano 1983.

Maunz / Dürig / Herzog: Kommentar zum Grundgesetz, München, Stand: Januar 1985.

Mazzoni, Giuliano: Manuale di diritto del lavoro, Bd. II, 5. Aufl., Milano 1977.

v. Maydell, Bernd: Geldschuld und Geldwert, Die Bedeutung von Änderungen des Geldwertes für die Geldschulden, München 1974.

— Das Sozialrecht in der Rechtsprechung des Bundesverwaltungsgerichts, in: Festgabe aus Anlaß des 25-jährigen Bestehens des Bundesverwaltungsgerichts, München 1978, S. 405 ff.

— Die Anpassungsproblematik in der Bundesrepublik Deutschland und im internationalen Vergleich, in: ZGVW 1980, S. 297 ff.

Meinhold, Helmut: Alterssicherung unter Berücksichtigung der wirtschaftlichen und demographischen Entwicklung, in: DRV 1983, S. 209 ff.

Merusi, Fabio: L' affidamento del cittadino, Milano 1970.

— I servizi pubblici negli anni '80, in: Quad. reg. 1985, S. 39 ff.

Mortati, Constantino: Istituzioni di diritto pubblico, Bd. II, Padova 1976.

v. Münch (Hrsg.): Grundgesetz-Kommentar, Bd. 1, 3. Aufl., München 1985.

Nedjati, Zaim M.: Human Rights under the European Convention, Amsterdam 1978.

Ossenbühl, Fritz: Vertrauensschutz im sozialen Rechtsstaat, in: DÖV 1972, S. 25 ff.

— Staatshaftungsrecht, 3. Aufl., München 1983.

Paladin, Livio: Corte Costituzionale e principio generale d' eguaglianza, aprile 1979 – dicembre 1983, in: Giur. costituz. 1984 I 1, S. 219 ff.

Papier, Hans-Jürgen: Die Differenziertheit sozialrechtlicher Positionen und der Anspruch der Eigentumsgarantie, in: SdDSRV Bd. XXIII (1982), S. 193 ff.

Partsch, Karl Josef: Die Rechte und Freiheiten der europäischen Menschenrechtskonvention, Berlin 1966.

Persiani, Mattia: Diritto della previdenza sociale, Padova 1983.

Peukert, Wolfgang: Der Schutz des Eigentums nach Art. 1 des Ersten Zusatzprotokolls zur Europäischen Menschenrechtskonvention, in: EuGRZ 1981, S. 97 ff.

Pizzorusso, Alessandro: Lezioni di diritto costituzionale, 2. Aufl., Roma 1981.

— Disposizioni sulla legge in generale, Art. 1 – 9, in: Commentario del Codice civile, Bologna/Roma 1977.

Quadri, Rolando: Acquisiti (Diritti), in: NssDI, Bd. I 1, Torino 1974, S. 237 ff.

Raiser, Ludwig: Eigentum als Recht des Menschen, in: Schwartländer / Willoweit, Das Recht des Menschen auf Eigentum, Kehl am Rhein / Straßburg 1983, S. 121 ff.

Regonini, Gloria: Il sistema pensionistico, in: Ascoli (Hrsg.), Welfare State all' Italiana, Roma – Bari 1984, S. 87 ff.

Richter, Arnt: Grundlagen des Rechts der sozialen Sicherheit, Stuttgart-Berlin-Köln-Mainz 1979.

Rische, Herbert / *Terwey*, Franz J.: Verfassungsrechtliche Vorgaben für die Gestaltung des Rechts der gesetzlichen Rentenversicherung, in: DRV 1983, S. 273 ff.

Ritterspach, Theodor: Urteilsanmerkung zum Urteil Nr. 68 der Corte Costituzionale vom 14. 3. 1984, in: EuGRZ 1985, S. 36.

Rodotà, Stefano: Proprietà (Diritto vigente), in: NssDI, Bd. XIV, Torino 1967, S. 125 ff.

Rossi, Paolo: Il diritto del lavoratore alla posizione assicurativa, in: Riv. it. prev. soc. 1967, S. 269 ff.

Rüfner, Wolfgang: Anmerkung zum Urteil des BVerfG vom 28. 2. 1980 – 1 BvL 17/77 u.a. –, in: SGb 1981, S. 107 ff.

— Die Differenziertheit sozialrechtlicher Positionen und der Anspruch der Eigentumsgarantie, in: SdDSRV Bd. XXIII (1982), S. 169 ff.

De Ruggiero, Roberto / *Maroi*, Fulvio: Istituzioni di diritto civile, Bd. 1, Milano – Messina 1972.

Ruland, Franz: Aktuelle Probleme der Rentenversicherung im Wandel der letzten 100 Jahre, in: SGb 1981, S. 391 ff.

— Die Entscheidung des Bundesverfassungsgerichts vom 16. 7. 1985 zum Eigentumsschutz von Anrechten aus der gesetzlichen Rentenversicherung, in: DRV 1986, S. 13 ff.

Sachverständigenkommission Alterssicherungssysteme: Gutachten der Sachverständigenkommission vom 19. 11. 1983; veröffentlicht durch die Bundesregierung. Der Bundesminister für Arbeit und Sozialordnung, ohne Ort und ohne Jahr.

Scheil, Xenia B.: Dynamisierung gesetzlicher Altersrenten, München 1979.

Schiavo, Romualdo: Aspetti giuridici delle assicurazioni sociali, in: Prev. soc. 1983, S. 1591 ff.

Schlenker, Rolf-Ulrich: Soziales Rückschrittsverbot und Grundgesetz, Berlin 1986.

Schmähl, Winfried: Tendenzen und Aufgaben der Alterssicherungspolitik in Ländern Westeuropas, in: DRV 1983, S. 348 ff.

Schmid, Felix: Sozialrecht und Recht der sozialen Sicherheit, Die Begriffsbildung in Deutschland, Frankreich und der Schweiz, Berlin 1981.

Schnapp, Friedrich Emil: Die Selbstverwaltung in der Sozialversicherung, in: Festgabe zum 70. Geburtstag von Georg Christoph von Unruh, Heidelberg 1983, S. 881 ff.

Schneider, Hans: Der verfassungsrechtliche Schutz von Renten der Sozialversicherung, Karlsruhe 1980.

Schwartländer, Johannes: Das „freie Eigentum" und seine menschenrechtliche Bedeutung, in: Schwartländer / Willoweit, Das Recht des Menschen auf Eigentum, Kehl am Rhein / Straßburg 1983, S. 83 ff.

Schwerdtfeger, Gunther: Die dogmatische Struktur der Eigentumsgarantie, Berlin, New York 1983.

Sieveking, Klaus: Der verfassungsrechtliche Eigentumsschutz sozialer Rechtspositionen, in: ZSR 1983, S. 693 ff.

Simons, Thomas: Italien als Sozialstaat, in: Sozialer Fortschritt 1983, S. 202 ff.

Social security in the Member States of the European Community in 1982, in: ISSR 1983, S. 374 ff.

Sorace / Orsi Battaglini / Ruffili: Diritto pubblico, Firenze 1981.

Stober, Rolf: Verfassungsrechtlicher Eigentumsschutz sozialer Rechtspositionen, in: SdDSRV Bd. XXIII (1982), S. 9 ff.

Unger, Manfred: Verfassungsrechtlicher Schutz für Anwartschaften aus der Rentenversicherung, in: ZfS 1985, S. 225 ff.

Wannagat, Georg: Lehrbuch des Sozialversicherungsrechts, Bd. I, Tübingen 1965.

Wolff, Hans J. / *Bachof,* Otto: Verwaltungsrecht I, 9. Aufl., München 1974.

Zacher, Hans F.: Soziale Gleichheit, Zur Rechtsprechung des Bundesverfassungsgerichts zu Gleichheitssatz und Sozialstaatsprinzip, in: AöR Bd. 93 (1968), S. 341 ff.

Zöllner, Detlev: Landesbericht Deutschland, in: Ein Jahrhundert Sozialversicherung, hrsg. von Peter A. Köhler und Hans F. Zacher, Berlin 1981.

Printed by Libri Plureos GmbH
in Hamburg, Germany